KRYON

Deine Meisterschaft ist jetzt!

Barbara Bessen

Kryon Deine Meister-schaft ist jetzt!

Edition Sternenprinz

Korrektorat: Hans Jürgen Kugler
Cover: Peter Krafft
Satz: Hans-Jürgen Maurer
Druck: FINIDR, s.r.o., Český Těšín/
Tschechische Republik

Hans-Nietsch-Verlag
Am Himmelreich 7
79312 Emmendingen

www.nietsch.de
info@nietsch.de

ISBN 978-3-86264-234-2

Inhalt

Vorwort von Barbara

Liebe Leserinnen und Leser!

Herzlich willkommen in der Energie KRYONs und der Göttlichen Familie!

Dieses Buch ist wie ein Abschluss, es repräsentiert das Ziel unseres Erdenweges. Es ist ein Abschluss unseres Weges durch die Dualität. Wir können – die Energie ist dafür da – jetzt den Weg nach Hause einschlagen. Den Weg in unsere nächsthöhere Präsenz, die des Höheren Selbstes, ein Teil der vielen Instanzen, die uns ausmachen. Abschluss klingt nach Abschied. Immer, wenn wir reisen, ist dies mit Abschied verbunden. Ein Abschied von bekannten Umgebungen und Menschen, die damit verbunden sind. Unser jetziger Abschied bedeutet, dass wir viele unserer Muster und Gewohnheiten loslassen, die uns vermittelt haben, es gebe nur die irdische Realität. Wir bewegen uns in ein neues Paradigma. Wir gehen in eine höher schwingende Erde. Mit einem Bein, wie KRYON immer gern sagt, sind wir schon da. Wir kreieren uns täglich unser Leben selbst. Tun wir dies mit Gedanken an vergangene Erlebnisse? Oder sind wir bereit, wie auf völlig neuem Terrain, unseren Weg aus anderen, neuen Ideen und Gedanken zu gestalten?

Dieses Buch handelt von unserem Weg in die Meisterschaft. Seit Anbeginn der Erde gab es immer Wesen, die tief in sich lauschten, um die Stimme ihres Zuhauses zu hören und mit ihr den Weg in die wahre Heimat anzutreten. Jetzt haben viele Seelen den Wunsch und auch die Möglichkeit, die eigene Meisterschaft über die Materie zu leben. Viele von uns sind schon sehr lange hier und haben Heimweh. Heimweh nach dem warmen, gemütlichen Schoß des Einen.

Doch ich glaube, unterwegs auf dieser Reise warten noch einige Abenteuer auf uns. Ich freue mich darauf!

Doch erst einmal freue ich mich, dass wir in diesem Buch aus der geistigen Ebene ein Reisepaket zusammengestellt bekommen haben. Ein Rucksack voller Gaben für unsere Meisterschaft.

Ich wünsche Ihnen viel Freude beim Eintauchen in die Energie der Göttlichen Familie!

Ihre *Barbara Bessen*

Vorwort von KRYON

Geliebtes Erdenwesen!
So darf ich dich doch noch nennen? Oder möchtest du lieber schon als Galaktischer Mensch angesprochen werden? Das ist dein Ziel. Viele von euch Menschen sind erdenmüde und bereit, den Koffer für die Reise nach Hause zu packen. Es sind viele alte Seelen inkarniert, die der Erde schon über Äonen dienten. Jetzt ist die hohe Energie, die in großen Schüben immer intensiver auf die Erde strömt, das Fahrzeug in die wahre Heimat. Es gibt alte Überlieferungen, die von einer Taube sprechen, die sich zeigt, um zu einem bestimmten Zeitfenster mit Erwachten abzureisen. Und wer sich gut gerüstet hat, findet Platz im Inneren der Taube, so heißt es in den alten Schriften.

Diese Taube gibt es wirklich. Aber sie hat keinen festen Abreisetermin. Die Startrampe ist ständig in Betrieb, weil diese Taube wie ein kleines Transfermobil ist. Es reist hin und her zwischen der Erde und der höheren Erde. Es ist demnach nicht nötig, in Angst zu sein, ob du zur rechten Zeit am rechten Ort bist. Du bist jederzeit willkommen auf dem Flugplatz der Interdimensionalität. Die Frage ist nur: Bist du wirklich bereit, vieles hinter dir zu lassen und dich für neue Wege deines Bewusstseins zu öffnen? Ich glaube, das ist die Frage aller Fragen. Beschäftigt dich, was deine Lieben tun, wenn du dich weiterentwickelst? Das verstehe ich sehr wohl. Nur, es ist nicht nötig, sich zu sorgen. Jeder hat die Chance, sich an dem Licht, an der Göttlichen Liebe, die besonders ihr Pioniere durch eure Entwicklung spendet, zu laben. So bekommt jeder etwas mit von deiner/eurer Entwicklung. Nichts ist nur für einen Menschen gedacht.

Wer sich jetzt aufmacht, seine Multidimensionalität zu suchen und zu leben, hilft allen anderen Menschen, auch die neuen Erkenntnisse der Wissenschaft umzusetzen. Denn was wäre die Wissenschaft ohne das lenkende große Licht Gottes?

Ich wünsche dir viel Freude beim Eintauchen in die wunderbare Göttliche Energie. Wir reisen ein bisschen in den Pool der Interdimensionalität, dann kannst du schnuppern und fühlen, wie deine Heimreise wohl sein wird.

Ich bin in tiefer Liebe und Verbundenheit
KRYON

Teil 1

Was ist Meisterschaft heute?

Der Kreis schließt sich

Willkommen in der Energie der Einheit, willkommen auch in der großen Stille allen Seins. Stille bedeutet, in der Energie der Nullzone zu sein, die so etwas ist wie ein schwarzes Loch, von dem Wissenschaftler so fasziniert sind. In dem Bereich, wo alles seinen Anfang nahm und nimmt, wo es auch um die Neustrukturierung, um Veränderung von Vorhandenem geht. Etwas, wovon die Erde jetzt betroffen ist. Wenn du nun deine Aufmerksamkeit ganz auf diese Worte, diese Schwingung, die ich mitbringe, legst, dann spürst du, wie ich dich in eine andere Präsenz hebe. Mir geht es in diesem Buch auch darum, dass du dich ganz deinem Gefühl hingibst. Nicht den Emotionen, die demonstrieren, was in dir gespeichert ist und womit du in Resonanz gehst. Diese alten Emotionen, die du durch die Vergangenheit prägtest. Selbst schöne Speicherungen, die mit tiefen Erlebnissen verbunden sind, fallen in den Bereich der Emotionen. Ich möchte dich in das Gefühl der allumfassenden Liebe hineinführen, diesen Bereich, wo es keine Wertung gibt. Wo nichts und niemand dich an Altes erinnert, wo du im Jetzt bist, ohne den Blick nach vorn oder nach hinten zu richten. Dann bist du nicht in der Schleife, der Lemniskate, die im Bereich deines Solarplexus bestimmt, welche Erinnerungen du hervorholst und erneut lebst, vielleicht bestückt mit gerade frisch eingetretenen Geschehnissen, die dein Leben in Verbindung mit anderen Menschen ausmachen. Und die in der Akasha deines Seins und der Erde ständig alle Wesen beeinflussen. Lasse diese Gedankenströme jetzt los. Sei ganz bei dir und mir. Wir sind sowieso auf einer höheren Ebene eins. Wir waren nie getrennt, das ist eine Illusion. Du nimmst mich als ein getrenntes Wesen von dir wahr. Richtig ist, ich bin auch aus dem Stoff gemacht, aus dem du bestehst. Nur sind es keine Atome, die mein Sein ausmachen. Auf einer höheren Ebene gleichen wir uns wie ein Ei dem anderen. Du hast lediglich im Moment einen Mantel angezogen, der vielleicht etwas dünnhäutig oder angeschlagen ist, oder sogar ein paar Löcher hat.

Ich nehme dich während dieses Buches mit auf eine weitere Abenteuerreise in das Land der Liebe. Die Liebe ist alles, was ist. Es gibt nichts außer Liebe. Das Leben hier auf diesem Planeten ist etwas Erschaffenes, das die Liebe beinhaltet, allerdings in einer Sonderform, die Dualität beinhaltet. Alle Wesen, die hier in den Bereich der Erde kommen, sind in dieses Spiel verwickelt. Niemand ist ausgenommen. Die Frage ist nur, ob man sich von dieser Dualität im Bereich des täglichen Lebens stets beeinflussen lässt. Alle Menschen kommen, egal wie viele Leben sie hier verbringen, irgendwann auf die Idee, es müsse doch auch anders gehen. Dieses ständige Auf und Ab und die Ängste, die viele Erfahrungen färben, ihnen einen negativen Anstrich geben, müssen doch anders zu zelebrieren sein. Wie wäre es, frag(t)e man sich, wenn man sich aus dem Strudel der Dualitätsaktivität herausnehmen könnte? Dies ist eine gute Frage, nicht wahr?! Besonders in der heutigen Zeit ist diese Frage von großer Wichtigkeit. Wenn wir davon ausgehen, dass die Erde sich in einem großen Wandel befindet, können wir sicher sein, dass es ganz wichtig ist, sein Leben in der Hand zu haben, es zumindest im Hinblick auf die Tiefe der dualistischen Erfahrungen und deren Konsequenz gut steuern zu können.

Dieses Buch ist ein praktisches Buch. Ich liebe es, Menschen Möglichkeiten anzubieten, die ihnen helfen, ihr Leben leichter zu leben und stärker in der Verbindung zum Nullpunkt zu sein, um den Hauch der Göttlichen Liebe unter alles zu legen. In diesem Zusammenhang möchte ich nochmals wiederholen, dass ihr besonders geehrt und geliebt seid, da ihr hier auf dieser Erde inkarniert. Es ist kein leichtes Unterfangen und wird von den höheren Ebenen mit viel Ehre und Achtung betrachtet. Und auch, dass ihr die Pioniere seid, möchte ich wiederholt erwähnen. Die Pioniere des Lichts, die Sternensaat, die hierhergekommen ist, um dem Planeten zu helfen, seine neue Umlaufbahn einzunehmen. Wer er es noch nicht weiß, dem sei nochmals kurz geschildert, was die Erde jetzt erlebt: Seit der Harmonischen Konvergenz 1987 steht fest, dass die Erde mit dem Sonnensystem in eine neue Umlaufbahn geht, mehr in eine Ausrichtung zum Zentrum der Galaxie, was mit sich bringt, dass höhere Energie und andere Informationen Menschen und Erde erreichen. Die Erde und auch die Menschen sind sich auf einer höheren Ebene allem bewusst. Nur das Kleid der dritten Dimension hat einen Schleier über ihr Wissen gelegt. Aber im Kern wissen Erde und Mensch, dass sie große geistige Wesen sind, die eine irdische Erfahrung machen. Ihr zogt ein irdisches Kleid an, um hier zu agieren. Nun steht die Reise nach Hause an, ihr löstet nach der Harmonischen Konvergenz eine Fahrkarte, die euch zurück in die höheren Ebenen bringt, mitsamt der Erde und ihrem astralen und mentalen Ring, der sie umsäumt und das Spielfeld für die Menschen ist. Das sind die Bereiche, in die ihr eintaucht, wenn ihr die Erde nach eurem Tod verlasst oder wenn ihr außerkörperliche Erfahrungen habt. Oder wie mit uns, geistige innere Reisen zelebriert, die bewirken, dass ihr euer wahres Sein besser kennenlernt. Ihr seid so vielfältig, mehr als ihr denkt, und in allen Ebenen des Seins, des Spielplans dieses Sonnensystems enthalten. Ihr seid euch dessen nur nicht bewusst. So ist der Aufstieg, von dem so oft gesprochen wird, die Erweiterung eures Bewusstseins.

Wie fühlst du dich jetzt? Spürst du Ruhe und Gelassenheit? Das ist gut. Ich nehme dich einfach an die Hand, um dich ein Stückchen weiter in dein eigenes Sein zu führen. Alle Bücher, die wir gemeinsam, Barbara und ich und auch du kreiert haben, sind eine Reisebegleitung. Ich bin der Schaffner für deine Fahrt deiner eigenen Heimreise. Ich knipse nicht nur deinen Fahrschein, sondern versorge dich mit leckerem Beiwerk. Ich sorge dafür, dass es dir gut geht, dass du es komfortabel hast, weil manchmal die Zugfenster oder sogar die Türen aufspringen und eisiger Wind hereinkommt. Dieser will dich möglicherweise verlocken, auszusteigen, weil du meinst, zu Hause sei es bequemer oder weil du eine andere Art der Fortbewegung wählen möchtest. Ich schließe dann sanft wieder die Fenster und Türen, rücke dein Kissen zurecht und bespreche mit dir deine Gedanken und auch deine Erfahrungen. Ich sehe, wo es in deinem Leben stockt, und kann helfen, die Wege wieder klar zu erkennen, die eingeschlagen werden wollen. Was ich nicht kann, ist, dir deine Erfahrungen abzunehmen. Du musst deinen Weg der Heimreise schon selbst beschreiten, aber eine beratende Tätigkeit, wie Eltern es tun oder ein älterer Bruder, will ich gern übernehmen. Wenn du eine liebende Schwester bevorzugst, das ist mir auch recht. Denn ich bin männlich und weiblich. Wohlan, lasst uns gemeinsam schauen, wie es weitergeht.

Die Erde verändert sich, sie geht in eine höhere Schwingungsebene, wenn sie, wie jetzt, alle 26.000 Jahre einen neuen Zyklus beschreitet. Der Mensch hat, durch die veränderte Umlaufbahn der Erde und der Ausrichtung zum Zentrum der Galaxie die Möglichkeit, sich in eine bewusstere Ebene des Seins zu bringen. Eine neue Phase der Erdentwicklung, verbunden mit einer physischen Neuausrichtung des Planeten, die mit dem Erdmagnetgitter und den Polen zusammenhängt. Es wird von einem Wandern der magnetischen Pole gesprochen und sogar von einem Polsprung, der die Erde völlig neu ausrichtet. Stell dir vor, du würdest plötzlich nicht mehr in deiner geliebten Zone der Erde wohnen, wo es Frühling, Sommer, Herbst und Winter gibt, sondern in einem Bereich des Erdgürtels, wo es karg und heiß ist oder sehr kalt, denn die Erdplatte würde sich bei einem Polsprung verändern, sie wandert. Vielleicht ist es auch ganz sanft, so wie du vielleicht eines Morgens aufwachst und spürst, irgendetwas ist anders. Das Licht ist nicht so wie sonst. Vielleicht fühlt sich dein Körper ganz anders an – möglicherweise leichter und transparenter?! All das hängt mit der Veränderung der magnetischen Ausrichtung zusammen. Das ist, ganz einfach ausgedrückt, was hier jetzt mit der Erde geschehen wird. Die genaue Zeit des Verschiebens der Pole ist selbst für uns nicht voraussehbar. Es hängt von vielen Faktoren ab, die nicht exakt bestimmbar sind und wiederum mit vielen interdimensionalen Faktoren zusammenhängen. Wir haben in allen anderen Büchern bisher nie so klar darüber gesprochen. Doch nun möchten wir gern den Weg der Erde kundtun, denn die Zeit ist vorangeschritten. Wir haben die Jahre davor genutzt, um euch gut vorzubereiten auf den Wandel der Erde. Wann genau die Erde diesen Sprung macht und wie es sein wird, darin haben weitaus höhere Ebenen des Seins Einsicht. Wir sind hier, um der Menschheit die Möglichkeit zu geben, sich gut vorzubereiten auf diese Neue Erde, die ganz anders sein wird, als ihr es euch vorstellen könnt. Ihr werdet keine Sorgen mehr haben, ob es den Euro noch gibt oder ob ihr eine Versicherung abschließen sollt. Das alles gibt es nicht mehr. Euer Fokus wird auf andere Dinge gerichtet sein. Auf ein harmonisches Miteinander, auf die Erkenntnis: Wir alle sind eins, wir sind nicht getrennt, und was wir uns antun, tun wir auch allen anderen an. Seid sicher, ihr werdet einer herrlichen Zeit entgegengehen. Es gibt nichts, wovor ihr Angst haben müsstet. Wichtig ist eure eigene Ausrichtung. Es geht um die Zentrierung des eigenen Seins auf die Herzensebene. In dem Raum des Herzens zu sein heißt, zu wissen, wer man ist und dass nichts geschehen kann, um euch zu zerstören. Ihr seid göttlich und unsterblich. Dieses Leben hier ist ein Hauch deines wahren Seins. Eine Erfahrung von vielen anderen, an die du dich im Moment nicht erinnerst oder die noch vor dir liegen, wenn wir den Faktor Zeit als Grundlage nehmen. Doch letztlich gibt es die Zeit nicht. Alles ist wie ein Kreis angelegt. Dein wahres Sein sitzt in der Mitte und beobachtet die Zeitschienen, die sich irgendwann treffen. Ist es nicht spannend, dass du dir diesen vielen Lernfaktoren der Erdenzeit langsam bewusst wirst? Die Erde geht in eine sehr viel höhere Ebene ihres Seins. Alles wird sich stark verändern, das lässt sich nicht sehr treffend in Worten beschreiben. Doch es ist eine Tatsache, und von höheren Ebenen aus gesehen, ein großes Wunder, das beobachtet wird und große Unterstützung bekommt.

Lehne dich einen Moment zurück und lege eine Hand auf dein Herz. Wir haben diese Übung in den letzten Monaten in allen Seminaren als Werkzeug angeboten. Sie verbindet dich mit deinem Herzen. In deinem physischen Herzen ist dein Gottesfunke, mit dem du dich jetzt verbindest. Es ist auch eine Energie, die nun fühlbar aus deinem Handchakra strömt. Sie verbindet sich mit deinem Herzen, deinem Gottesfunken. Nach einer Weile wirst du bemerken, dass eine fast noch stärkere Verbindung sich in deiner Brust ausbreitet: Du hast dich mit deinem Heiligen Höheren Herzen verbunden, dem Sitz deines Höheren Selbstes, deiner nächsthöheren Instanz deines großen Ganzen. Verweile einen Moment in dieser Verbindung und spüre die

Liebe, die Leichtigkeit, die sich in deinem ganzen Körper ausbreitet. Du bist jetzt mit der allumfassenden Instanz deines Seins verbunden. Das wird sich, je öfter du in diese Verbindung gehst und natürlich auch mit dem Stand der Entwicklung verstärken. Es könnte sein, dass du dich in dieser Herzensverbindung wie schwebend fühlst. Dies ist die Möglichkeit, dich zu stärken, wenn es im Alltag brodelt und du nicht weißt, wo dir, wie man so schön sagt, der Kopf steht. Alle dualistischen Emotionen, Unsicherheiten, Ängste können mit dieser Übung stabilisiert werden. Auch bei irdischen Krankheitssymptomen ist sie hilfreich, sogar Spontanheilungen können geschehen. Denn du befindest dich in dem Feld der allumfassenden Liebe.

Lass mich zusammenfassen

Die Erde verändert sich, du bist mittendrin in diesem Geschehen. Die Erde verändert ihre Erdmagnetfelder, die magnetischen Pole wandern, und ein Polsprung wird die Erde in eine neue Zeit bringen. Diese Veränderungen laufen schon eine ganze Weile ab und werden sich auch in weiteren Wetterveränderungen äußern. Die Erde und ihre wunderbaren Schöpfergötter wagen ein großes Experiment: ein sanftes Gleiten der Pole in ihre neue Position. Es gibt weltliche Informationen, die besagen, dass dies mit einer dreitägigen Dunkelheit verbunden ist. Wir dürfen euch versichern: Es wird sanfter vonstattengehen. Wahrscheinlich wird danach nichts mehr so sein, wie es vorher war. Die Neuausrichtung der Pole verändert die Schwingung der Erde und der Menschheit. Stell dir einfach vor, du würdest die Welt mit anderen Augen sehen. Vielleicht ist es vergleichbar mit diesem Gefühl, wenn du, wie eben, deine Hand auf dein Herz legst. Du bist intensiver mit der Quelle allen Seins verbunden.

Diese Reise in eine höhere Schwingungsebene, die der fünften Dimension entspricht, ist eine wahre Abenteuerreise und erfordert eines in großem Maße: Vertrauen. Vertrauen in dich selbst, in das wunderbare Wesen, das du wirklich bist und in die Schöpfung von allem, was ist. Wir begleiten dich auf dieser herrlichen Reise. Wir reichen dir die Hand, damit du nicht stolperst, womit wir meinen, dass wir dir helfen, wenn du nicht zentriert bist. Du musst dich immer mehr auf deine eigene Göttlichkeit ausrichten. In diesem Zusammenhang möchte ich dir gern noch einmal meine schon so oft erwähnten Worte ans Herz legen: Es ist so, dass du mit einem Bein in der Dualität lebst und mit dem anderen in der Multidimensionalität, in diesem Falle in der fünften Dimension. Und die Kunst besteht darin, beides miteinander zu verbinden.

Dieses ist der Weg deiner Meisterschaft, aber nicht in einem Tempel, so wie es früher die Neophyten taten. Du lebst diese Meisterschaft in einer Zeit, in der sich die Erde häutet. Und diese Meisterschaft deines irdischen und astralen Seins ermöglicht es dir, sanft auf die höheren Ebenen zu gleiten. Bist du bereit?

Der männliche Weg

Lasst uns noch einen kleinen Moment bei dem Wandel und der Polverschiebung bleiben. Dies ist gleichzeitig ein guter Einstieg in unser nächstes Thema. Viele von euch sind sicher ein bisschen erschrocken über einen möglichen Polsprung. Ihr werdet euch vielleicht gut informieren, das Internet und Bücher nach Informationen durchstöbern. Es gibt sehr viele Informationen, doch meistens sind es Spekulationen. Vieles ist eine Kombination aus beidem, so wie Menschen es gern tun. Man kombiniert eine wissenschaftliche Information mit einem möglicherweise weiterführenden Weg. Kenntnisse über einen Polsprung sind bei alten weisen Völkern zu finden. Wissenschaftler können aus bestimmten geologischen und astronomischen Artefakten und feststehenden Forschungsergebnissen gewisse Folgerungen ziehen, wie die letzten Polsprünge vonstattengingen. Wer sich damit intensiv beschäftigt, wird feststellen, dass niemand genau sagen kann, wie es dieses Mal ablaufen wird. Alle Ergebnisse sind lediglich Vermutungen. Ich möchte euch jetzt eine wichtige Tatsache zu eurem besseren Verständnis geben: Diesmal ist die Veränderung der Erde mit einer weiteren Schwingungserhöhung verbunden, das ist außergewöhnlich und hat nicht nur etwas mit dem 26.000-Jahre-Zyklus zu tun. Die Erde bekommt aus höchsten Ebenen einen großen Evolutionsschub in eine höhere Ebene. Das passierte noch nie zuvor. Daraus dürft ihr folgern, dass große Unterstützung aus den höheren Reichen angeboten wird. Ihr, die Menschen, müsst diesen Schritt nicht allein gehen. Die Umstände für einen solchen Sprung werden, wo es möglich ist, geglättet. Und noch eine wichtige Information habe ich für euch, die wir schon oft gaben, die mir aber in dieser Verbindung sehr wichtig erscheint: Der Übergang der Menschheit und der Erde in die höhere Dimension hat mit dem Bewusstsein der Menschen zu tun. Ihr bestimmt mit, wie der Übergang sein wird. Immer mehr Menschen erwachen, auch davon haben wir oft gesprochen. Sie hinterfragen ihr Leben und das, was damit zusammenhängt. Sie stellen Fragen, wie: „Woher komme ich? Warum bin ich hier, und was ist meine Aufgabe?" Und nun in dieser sehr brisanten Zeit, die mit äußeren Umbrüchen und Naturkatastrophen einhergeht, folgt noch eine wichtige Frage: „Wie geht es weiter?" Meine Antwort lautet: Ihr seid auf dem Weg der Meisterschaft. Ihr werdet Meister über die Materie.

Der Weg der Erkenntnis hat in dieser Zeit zwei Gleise. Das eine ist der männliche Weg der Meisterschaft, das andere der weibliche Weg. Beide möchte ich euch beschreiben. Meist wählt ihr eine kombinierte Spur. Ich möchte keinen Weg als den besseren hinstellen, das wäre ja Bewertung. Trotzdem möchte ich das eine oder andere dazu sagen. Lasst uns auch noch etwas bedenken, das ist für die weitere Entwicklung der Menschen sehr von Wichtigkeit: Seit einigen Jahren wurde ganz offiziell die Führung dieses Planeten in weibliche göttliche Hände gelegt. Seit einigen Tausend Jahren, genauer gesagt, seit dem Untergang von Atlantis vor ca. 13.000 (die Hälfte des 26.000-Jahre-Zyklus), der auch mit einem Polsprung in Verbindung stand, hatte die männliche Seite die Führung übernommen. Vorher war es oft eine Zeit des Gleichklangs. Es gab keine Bewertung der Geschlechter im Allgemeinen. Obwohl die letzten Jahrhunderte eher durch eine Unterdrückung, die allerdings nicht nur auf männliche Initiative geschah, gekennzeichnet war. Hier herrscht oft die Vorstellung, dass Männer unterdrücken. Nur, Frauen können das auch sehr gut ... Was meinst du?

Lass uns die männliche Seite kurz beleuchten: Was macht eine männliche Prägung aus? Halte kurz inne und schaue selbst für dich. Was verstehst du unter männlicher Kraft, männlicher Art zu reagieren und aktiv zu sein? Beleuchte es auch ganz praktisch. Wie verhalten sich Männer und Frauen untereinander? Sind sie gleich, ähnlich oder ganz anders? Ihr braucht nur in eure Beziehungen zu schauen, zu euren Partnern, da habt ihr eigene Erfahrungen, die euch das aufzeigen. Oft ist hier von Unverständnis die Rede. Männern wirft man vor, sie würden vieles mit ihrem Intellekt beleuchten und entsprechend handeln. Das Klischee der Weiblichkeit beschreibt Sanftheit, Verständnis und Mitgefühl. Wer hat recht, was ist besser? Keines von beiden ist besser oder schlechter. Beides ist. Wenn du dein eigenes Leben einmal kurz diesbezüglich beleuchtest, ist dies für Erkenntnisse hilfreich, denn du hast ja auch beides in dir. Schaue, welcher Teil, der männliche oder weibliche, bei dir stärker ausgeprägt ist. Wann reagierst du männlich, wann weiblich? Was meinst du, warum das so ist? Glaubst du, dass die beiden Teile sich annähern könnten, sodass sie im Gleichklang sind? Wenn du Lust hast, beobachte doch einmal deine Verhaltensweisen in den nächsten Tagen. Wann bist du männlich in der Darstellung deines Selbst, wann weiblich? Die wichtige Frage, die dir auch hilft, alte Muster zu klären ist: Warum verhältst du dich einmal so und einmal so? Spannend, nicht wahr?! Und sehr aufschlussreich.

Schauen wir jetzt einmal global in die Welt. Sehen wir uns die Länder und Städte, die Kultur eines jeden Gebietes an. Werfen wir einen Blick in die Presse und ihre Berichte, so sieht vieles auf der Welt nach Kampf aus. Im Moment beschäftigen sich einige Menschen mit Vorkommnissen in Indien, die mit dem Recht der Frau zu tun haben. Wer oder was kommt hier zu kurz, wessen Rechte werden nicht geachtet und warum ist das so? Interessant ist in diesem Zusammenhang die Frage: Warum kommen gerade jetzt diese Dinge ans Licht der Öffentlichkeit?

Wenn wir davon ausgehen, dass Männer bestimmte Rollen anerzogen bekommen haben, stellt sich die Frage: Wer hat ihnen beigebracht, so zu sein? Woher stammen diese alten Rollen? Blicken wir zurück, sehen wir alte archaische Prägungen, die mit Krieg und Frieden zu tun haben. Weiter folgern wir, ruhig einmal ganz intellektuell: Alle Rollen werden heute infrage gestellt, auch der Krieg und der Frieden in einem jedem selbst. Was geht in Männern vor, die ihre Lust so aggressiv befriedigen, wie es in Indien in der Öffentlichkeit diskutiert wird? Hier sind starke Aggressionen zu spüren. Und wie ist es im Westen? Gibt es dort vielleicht andere Rollenmuster oder findet man überall auf der Erde die gleichen? Werfen wir einen tieferen Blick in diese Transformation, die durch die Öffentlichkeit zutage tritt. Was macht die Männer zu Tätern, zu Opfern der Triebe? Lasst euch sagen, es sind nicht nur Männer, die sich am anderen Geschlecht vergreifen. Frauen tun dies auch, darüber ist nur nicht so viel zu lesen, und es passt nicht in das Bild, das die Allgemeinheit von Frauen hat. Ich möchte die Taten, ob von Mann oder Frau nicht bewerten, sondern eine weitere Frage an euch stellen: Warum kommen solche Emotionen nach oben, und was will erlöst werden? Welche tiefen alten Erinnerungen, verbunden mit gespeicherten Emotionen, sind die Triebfeder?

Stellt euch vor, dass viele von den Tätern und Opfern alte Muster offenbaren, die nicht bearbeitet sind. Ebenso kann man von einer kollektiven Emotion ausgehen. Sexualität ist dabei ein wichtiges Thema. Was ist Sexualität in der tiefsten Tiefe? Die Suche nach Gott. Die Zeit, in der Menschen sich vereinigten, um die Nachkommenschaft zu sichern, ist vorbei. Sexualität ist und war zu vielen Zeiten auch ein Machtmittel. Das kennt jeder von euch selbst. Ob in diesem Leben oder anderen, ihr habt Erfahrungen diesbezüglich, auch solche, die unerlöst sind. Auch deshalb bist du jetzt hier inkarniert. Die Welle der Lust und der damit suchenden Göttlichen Liebe ist das Generalthema dieser Zeit. Lehne dich zurück und erinnere dich an diese Worte, wenn du wieder einmal Geschehnisse bewertest, die mit diesem Thema zusammenhängen und angeprangert werden. Ich könnte auch noch hinzufügen: Wer ist Täter, wer ist Opfer im Wandel der Zeit?

Die männliche Kraft hat viele gute Seiten. Alle weiterführenden wissenschaftlichen Erkenntnisse verdanken wir dem Forschergeist und dem Durchsetzungsvermögen der männlichen Seite eines Menschen. Geduldig und zäh wird so lange gesucht und recherchiert, kombiniert und probiert, bis ein Ergebnis vorhanden ist. Denke an den etwas menschenscheuen Wissenschaftler, der nur seine Wissenschaft im Kopf hat und vieles andere darum herum nicht wahrnimmt und auch nicht für wichtig hält. Die archaischen Bilder der Psychologie zeigen ein Bild der Urkräfte, der Schaffenskraft des männlichen Beschützerinstinkts, ohne Angst in die verschiedensten Situationen zu gehen, ohne Rücksicht auf Konsequenzen, sogar den eigenen Tod riskierend. Wie sonst konnten Kriege geschehen? Die männliche Seite glaubt an das Gute und ist bereit, dafür zu kämpfen. Was immer das auch mit sich bringt. Denkt an die Gralsgeschichte. Es wurde alles gegeben, Hab und Gut, Ehefrauen wurden verlassen, um das Hochgeehrte zu verteidigen beziehungsweise zu hüten. Beispiele der Qualitäten der männlichen Kraft gibt es viele.

Doch wir wollen die heutige Zeit betrachten. Welchen Weg geht die männliche Seite in Männern oder Frauen jetzt in der Zeit des Wandels? Sie erforschen die Lage und versuchen, mit viel Akribie und Geduld herauszufinden, was mit der Erde passiert. Sie schauen auf wissenschaftliche Internetseiten, beobachten die Sonnenaktivitäten, halten sich auf dem neuesten Stand der Beschaffenheit der Magnetfelder. Sie interessieren sich für neue Heilweisen, die mit scheinbar neu erfundenen Gerätschaften zu tun haben. Messbare, gezielt gebündelte Magnetfrequenzen sind interessant, die um den Menschen herum ein künstliches Magnetfeld erzeugen, um Krankheitssymptome zu verändern. Oder aber, um Kontakt in andere Welten zu erhalten. Ich möchte das nicht bewerten, ich möchte auch nicht diese Abenteuerlust, denn die spielt dabei eine große Rolle, dämmen. Ich möchte nur darauf hinweisen, dass wir das alles schon einmal hatten: in Atlantis. Die Macht der intellektuellen Seite, gekoppelt mit Pioniergeist, der mit dem Ego in tiefer Verbindung stand und Hemmschwellen damit überwand. Die Hemmschwellen, die das Herz aufbaute. Damit ist eine Frage sehr wichtig, die heute wieder im Raume steht: Dienen wir damit wirklich der Menschheit? Ist all das, was heute an wissenschaftlichen Neuerungen im Quantenbereich und erdspezifisch im Magnetfeldbereich entwickelt wird, ganz durchdacht? Weiß man alles über diese Kraft, auch über die Kehrseite der Medaille? Denn auch diese Erfindungen befinden sich im dualistischen Bereich. Wer oder was kann Einfluss nehmen, wenn man sich für bestimmte Felder und Ebenen öffnet? Zudem ist es doch bekannt, dass der Beobachter, sprich der Patient, das Ergebnis beeinflusst. Ist der Benutzer reif dafür? Ich möchte damit nicht diese Erfindungen, die ja übrigens nicht neu sind, infrage stellen. Ich möchte nur zum Nachdenken anregen und an eure Verantwortung appellieren. Was haben diese Gerätschaften, was du nicht auch selbst bewirken könntest?

Nun magst du denken, KRYON ist gegen alle Neuerungen, gegen im wahrsten Sinne des Wortes wunderbare Erfindungen im Bereich der Energie. Das bin ich sicher nicht. Es muss nur mit Bedacht mit ihnen umgegangen werden. Wenn du tief in dich schaust, wirst du eine Emotion spüren, die sehr alt ist und tatsächlich mit Atlantis zusammenhängt. Nie wieder wolltest du das erleben, was du erlebt hast damals in der Zeit, wenn du dabei warst, oder es kollektiv wahrnimmst. Atlantis ist wieder da, aber nicht nur Atlantis. Lemuria, Ägypten und die Ära der Maya, die alle eng damit verbunden sind, werden sich neu etablieren. Wenngleich auch mit neuem Wissen, passend für diese Zeit.

Wir wollen nun noch eine Frage an dich richten, jetzt spricht die ganze Gruppe KRYON zu dir: Was ist dein Wunsch für die Neue Erde? Welche Vorstellungen hast du? Was wünscht du dir für alle Menschen dieses Planeten, egal wo sie leben und wie fremd sie dir erscheinen? Dies ist eine Frage an dein Herz, und sie hat nichts mit deinem Verstand und deiner Logik zu tun. Die Antwort ist sofort da, du musst nicht sinnieren, überlegen und kombinieren. Dann antwortest du mit deinem Verstand und deiner männlichen Seite. Dein Herz weiß sofort, was du in der Tiefe deines Seins der Erde und der Menschheit wünschst.

Lasst mich euch noch sagen, ich achte und ehre die männliche Seite eines jeden Menschen und einer jeden Sache. Denn es ist die Dualität, die euch hier sein lässt. Das war alles so gewollt. Doch es gibt jetzt auch eine starke Kraft, die ein Gleichgewicht herstellen kann. Die männliche Seite wird nicht herausfinden können, wie der Weg in die Einheit verläuft. Er kann nur spekulieren, so wie eure Wissenschaftler und du vielleicht auch, Neuigkeiten auf der Internetseite der NASA oder ähnlichen Quellen neugierig, wissensdurstig und lösungsorientiert studieren.

Sonnenaktivitäten sind vorhanden, große Plasmaauswürfe scheinen die Erde zu bedrohen beziehungsweise starke Auswirkungen zu haben, denn das schützende Erdmagnetgitter ist stark dezimiert, an einigen Stellen des Planeten sogar gänzlich aufgelöst. Das mag erschrecken – ist jedoch notwendig für neue Zeiten der Erde. Ihr werdet die Lösungen der scheinbaren Probleme nicht finden können, weil es keine logische Lösung gibt. Sie liegt außerhalb des Kombinierbaren. Sie ist interdimensional und wird von hohen Wesen sehr genau beobachtet und unterstützt. Es wird eingegriffen, wenn es sein muss. Damit will ich vermitteln: Alle Vorkommnisse, die jetzt stattfinden, sind nicht zufällig, nicht aussichtslos, sondern überschaubar. Nur sind sie es nicht mit deinen Augen und deinem Verstand. Dein höheres Sein aber weiß alles. Es schaut mit Gelassenheit auf die Ereignisse. Es weiß, Vertrauen ist wichtig und die Gewissheit, dass die höchste Schöpferebene ihre Finger im Spiel hat. Es ist der Weg der Erde, ihre Evolution, von denen die Maya und andere Völker wussten. Aber sie wussten auch: In jedem von uns wohnt Gott, wohnt die Liebe und wohnt das Urvertrauen. Das sind die besten Wegweiser für diese Zeit.

Der gute Freund Saint Germain pflegt gern zu sagen: In dieser Zeit macht es keinen Sinn, irdische Vorräte zu horten, aus Angst vor eventuellen Stromausfällen und Ähnlichem. Doch ein paar Streichhölzer, Kerzen und eine gute Flasche Wein für einen völlig aufgelösten Nachbarn, solltet ihr im Keller haben.

Dem möchte ich hinzufügen: Und eine Hand auf deinem Herzen bringt Ruhe, Vertrauen und Gelassenheit, und zeigt dir sicher für alle Sorgen eine Lösung.

Der weibliche Weg, auch „Königsweg“ genannt

Könige tragen eine Krone, oder? Damit möchte man ausdrücken, dass diese Wesen, die Meister ihres Könnens, geehrt sind. Eine Krone zeigt: Dies ist ein besonderes Wesen, eines, das mehr weiß als andere. Das sich bereit erklärt, mit diesem Wissen dem Volk zu dienen und seine Weisheit einzusetzen, um anderen behilflich zu sein, den richtigen Weg zu finden. So war es in den früheren, lichtvollen Zeiten. Heute ist König zu sein eher etwas Ererbtes. Der erste Sohn oder die erstgeborene Tochter erben die Position eines Königs oder einer Königin. Meistens waren und sind es Männer, die diese (vermeintliche) Weisheit präsentieren. Schauen wir zurück in ferne Zeiten, waren es die, die sich durch Weisheit oder durch Mut und Durchsetzungsvermögen auszeichneten. Meist stand hinter ihnen eine sehr kluge, schöne Frau – so war es zumindest im Märchen. Die Realität war meist anders. In den dunkleren Zeiten verband man zwei Menschen zu einem Königspaar, um politische und wirtschaftliche Interessen zu vereinen. In weisen Zeiten waren es zwei Auserwählte, die beide einer Priesterschaft angehörten und somit ebenbürtig waren. Sie repräsentierten eine wahre Vereinigung des Männlichen und des Weiblichen. Diese Vereinigung und das damit verbundene Wissen und die Weisheit, so war es ihr Bestreben, gaben sie an andere, suchende Menschen weiter. Die Hauptmission war nicht, die Grenzen eines Landes zu halten oder zu erweitern. Frieden und ein gesundes, freies Leben waren ihre Ziele.

Bevor ich dir nun etwas näher komme, möchte ich dir eine Krone aufsetzen. Schließe deine Augen und spüre und sehe, wie ich dir eine Krone auf das Haupt setze. Wie fühlt es sich an, König oder Königin zu sein? Sicher wunderbar. Oder schämst du dich, weil du meinst, du seiest nicht würdig genug, so etwas zu empfangen? Oder findest du es sogar albern, dich mit einer Krone zu wissen? Fragst du dich, ob du so eine Ehre verdient hast?

Ich habe diese Partnerin, durch die ich arbeite, gebeten, dieses Kapitel zuletzt zu empfangen. Wenn alle Kapitel schon zu Papier gebracht sind, dann soll dieses Kapitel das Buch krönen. Trotzdem soll es nicht zuletzt gelesen werden, sondern gleich zu Anfang. Der Grund ist, ich möchte gern, dass du diese königliche Würde auf deinem Haupt spürst, die dich berechtigt, den Königsweg zu gehen. Denn ich möchte dir jetzt das Zepter für den weiblichen Weg der Meisterschaft in die Hände legen. Du kannst dann immer wieder wählen, ob du lieber mehr Informationen zum Aufstieg studieren oder dir einfach nur deiner selbst bewusst sein möchtest, indem du einfach die Augen schließt und deine Krone spürst. Diese Krone hat die Kraft der Göttlichen Mutter. Vielleicht magst du jetzt auch noch einen Moment diese Kraft spüren, die diese Krone dir verleiht. Es ist die umsorgende, dich tragende, liebevolle Energie der weiblichen Schöpferkraft. Sie gibt dir Kraft, Trost, Hilfe und Verständnis, und sie vermittelt dir, dass alles gut ist, wie es jetzt ist.

Doch nun lass uns ein bisschen weiter plaudern über den weiblichen Weg, den Königsweg des Aufstiegs und deiner Meisterschaft. Wir befinden uns in einer besonderen Zeit. Die Heimreise beginnt. Das, was dich aus dem Schoß der Göttlichkeit herausgeworfen hat, ruft dich nun wieder zurück. Auch alle Anteile, die dich ausmachen. Wir sprachen schon über die Leiter, die nach Hause zurückführt, mit allen ihren Anteilen von dir selbst. Bis hin zum lichtvollen klaren

Sein, dem Gedankenkonstrukt des Urschöpfers, der dich als Teil seines Seins erdachte, und dich aus dem Nest warf, um sich selbst zu erfahren. In dir ruht die Kraft des Männlichen und des Weiblichen. Welche der beiden Kräfte ist wohl der einfachere Weg, nach Hause zu kommen? Was, glaubst du, ist leichter, der Weg des Wissenwollens, des Studierens oder der des Loslassens und der Hingabe?

Du weißt sicher schon, worauf ich in diesem Buch immer wieder hinaus will: Es ist der Weg des Königs, der Königin, sich ganz dem Sein hinzugeben. Sich nicht mit dem Kopf durch alle Wege des Aufstiegs zu schlängeln, Stück für Stück eine weitere Erkenntnis haben und darauf aufbauen. Sondern dich vielleicht besser ganz dem hinzugeben, was dein höheres Sein für dich empfiehlt.

Weiblichkeit heißt empfangen und gebären. Sie beinhaltet auch Schutz zu geben, Verständnis für alles und jeden zu haben, weil eine Nährende all ihre Liebe, ihre Kraft in das gibt, was beschützt werden muss. Schaue in die Natur, sieh in die Gesichter der jungen Mütter und auch in das einer Großmutter. Sie sind mit wenigen Ausnahmen die Schutzarmee der Völker. Sie ziehen nicht in den Krieg, sie versuchen, ihn zu schlichten und den Frieden zu leben. So ist der Weg zu dir selbst am einfachsten, wenn du deine Weiblichkeit in den Vordergrund stellst und dich mit der höheren Weiblichkeit der Göttlichen Mutter verbindest. Dieser Vorgang hört sich leicht an, ist aber dennoch einer der schwersten. Denn wie du selbst von dir weißt, ist loslassen keine leichte Sache. Beobachte kurz deinen Tag. Bist du voller Vertrauen, dass sich alles fügt, oder möchtest du alles kontrollieren und genau wissen, wie was wann vonstattengeht? Du möchtest das Zepter nicht aus der Hand geben, nach dem Motto: Vertrauen ist gut, Kontrolle ist besser. Wenn du den weiblichen Weg wählst, musst du die Kontrolle loslassen und dich auf Neuland begeben, was durchaus mit tapsigen Schritten geschehen kann. Stell dir einfach vor, dass die Göttliche Mutter, repräsentiert von deinem Höheren Selbst, genau weiß, wohin dein Weg dich führt. Sie weiß, dass du nach Hause möchtest, und sie wird dir helfen, den einfachsten Weg zu gehen. Dieser ist sicher nicht ohne Dornen, hat vielleicht einige Klippen, aber diese werden mit der Hand der Mutter wunderbar geebnet. Dann ist wieder freies Land in Sicht. Vielleicht hast du noch alte Prägungen, die darauf basieren, dass du kein Vertrauen in die mütterliche Kraft hast, weil du enttäuscht wurdest. Das ist sicher in den vielen Leben, die du hier verbrachtest, so geschehen. Und dieses Thema ist natürlich auch ein kollektives.

Der Pionier, der du bist, geht für viele andere den weiblichen Weg und legt Energiebahnen, damit die Nachfolgenden es leichter haben.

Der weibliche Weg ist der Weg des Herzens. Wenn du ihn gehen möchtest, ist das mit der totalen Öffnung deines Herzens verbunden. Nichts und niemand darf dir durch Taten Herzbarrieren verursachen. Es ist nicht immer leicht, das Herz bereitwillig zu öffnen und auch offen zu halten. Viele von euch sind schon mutig vorangeschritten, den weiblichen Weg zu wählen. Aber es ist wie diese Weisheit, dass der Mensch zwei Schritte nach vorn geht und dann wieder einen zurück. Es gibt immer mal wieder Begebenheiten in deinem Alltag, Begegnungen, Gespräche, die dein Herz sich wieder verschließen lassen. Du baust den Schutzwall wieder auf. Das beinhaltet, dass du wieder in die Wertung gehst. Wertung ist Dualität. Herzenskraft ist ohne Dualität. Wenn du aus dem Herzen lebst, dann bist du frei, und ohne Wenn und Aber kannst du weiter den Weg der Meisterschaft gehen. Ab und an wird es mal zwacken, wenn es schwierige Situationen gibt. Wenn du dich an die Göttliche

Mutter erinnerst und sie um Kraft und Begleitung bittest, geht das Herz wieder auf, und du meisterst die Lage.

Der weibliche Weg ist der Weg der Hingabe. Hingabe an dich selbst. Du bist gut, so wie du bist. Nichts ist falsch an dir. Auch das können wir nicht oft genug erwähnen. Wärest du falsch oder verkehrt, wäre Gott es auch. Was für eine Vorstellung, nicht wahr?! Lass uns ein bisschen Humor und Freude in unsere Plauderrunde bringen. Wer oder was sollte dich tadeln? Die Göttliche Mutter hätte das Recht dazu. Aber tut sie es? Nein, sie wird gütig lächeln bei den sogenannten Fehltritten, die du machst.

Lass dich jetzt noch mal von der Göttlichen Mutter umarmen. Wenn du daran denkst, wird es so sein. Sie arbeitet auch durch mich. Ich darf ihre Energie tragen und weiterleiten. Spürst du sie? Sie vermittelt dir, dass du gut auf deinem Weg bist und es nichts gibt, wofür du dich schämen müsstest.

Eine Mutter liebt und achtet, beschützt und nährt ihre Kinder. Das tut die Mutter Erde auch. Möglicherweise denkst du, dass es in den letzten Jahren oft nicht so aussah. Aber sie tut wirklich nur das, was sie unbedingt tun muss. Der Wandel erfordert Reinigung, sowohl der Erde als auch der Menschen. Wenn du nun in starken Transformationsprozessen bist, was denkst du, tut die Mutter allen Seins? Sie hilft dir, es gut zu vertragen, indem sie dich in ihre Energie hüllt. Sie ist auch die Goldene Welle, die wir später besprechen werden. Sie ist im Heiler gegenwärtig, den du besuchst, weil sie durch ihn arbeitet. Sie ist die Natur, die du so liebst, wenn du spazieren gehst oder deinen Blick zur Sonne wendest. Sie ist alles. Der Trick bei allem, was ich empfehle, ist, dass du dir dessen einfach bewusst sein musst. Sei dir bewusst, dass die Göttliche Mutter in allem ist. Sie ist immer da, du musst sie nicht rufen. Du musst sie einfach nur wahrnehmen, weil sie in dir ist. Sie ist nicht von dir getrennt. Wenn wir also vom weiblichen Weg sprechen, dann meinen wir, dass du durch Hingabe erreichst, dich mit ihr bewusst zu verbinden und ihr zu erlauben, den Weg zu ebnen. Das geschieht durch Eingebungen, Ideen, durch Ruhe und Entspannung. Halte dein inneres Ohr offen, entledige dich der Dramatik des täglichen Lebens und horche in dein Universum. Erlaube der Göttlichen Mutter, dir eine wahre Mutter zu sein.

Wie vieles, das mit den inneren Welten und ihren Wegen zu tun hat, ist auch dieser weibliche Weg nicht nur durch Worte zu erklären, du musst ihn erfahren. Schlage jetzt hier gleich den Weg ein, indem du die göttliche weibliche Instanz um Führung bittest. Dann wird es so sein. Sie wird dir den Weg in dein Heiliges Höheres Herz zeigen und es für dich öffnen. Sie wird dein Höheres Selbst in ein Licht für dich rücken, sodass du es wahrnehmen kannst. Sie wird dir in deinen täglichen Sorgen eine Ratgeberin sein, durch Eingebungen und das Zurechtrücken deines Blickes auf diese Dinge. Sie zeigt dir den Höheren Blick, der nicht in der Dualität ist.

Der weibliche Weg ist der Weg des direkten Lichtes, des Ausstrahlens der Herzensenergie. Du weißt doch: Wer sich selbst liebt, wer tief im Herzen verankert ist, wer vertraut und sich seiner selbst bewusst ist, liebt auch alles andere. So ist der weibliche Weg, der Königsweg, der Weg des Friedens. Möchtest du König und Königin in deinem Königreich sein? Es ist das des Universums. Lass mich dir noch sagen: Selbstverständlich wirst du hier und da intellektuell und männlich orientiert dein Leben gestalten. Die Kunst ist nur, das eine mit dem anderen zu verbinden. So wie die Chymische Hochzeit, die eine Verbindung deiner männlichen und weiblichen Anteile in dir selbst ist.

Unterstützung durch Meister und andere geistige Helfer

Niemand muss den Weg des Aufstiegs, der Erweiterung des eigenen Bewusstseins allein gehen. Zu anderen Zeiten, Zeiten der Dunkelheit, der tieferen Materie, war es sehr viel schwieriger, den Weg des Erwachens erst einmal zu finden. Dinge wie die Befriedigung der Grundbedürfnisse, die Suche nach Essen, einem Heim und Geborgenheit, standen im Fokus. Eine tiefe Sehnsucht muss in einem Menschen vergangener Zeiten gewesen sein, eine Sehnsucht nach dem wahren Zuhause und nach dem Ziel, sich ganz frei zu fühlen, und das Gefühl zu haben: Ich bin gut, so wie ich bin. Hier auf der Erde zu sein, seine Erfahrungen zu machen, ist wahrlich ein Abenteuer. Doch du musst dir bewusst machen, dieses Abenteuer hatte seine Tücken in den letzten zweitausend Jahren. Auch zu anderen Zeiten, Jahrtausende zurück, war das Leben hier meist nur für bestimmte Menschen ein Honigschlecken. Sie hatten vielleicht bereits viele Dinge erreicht und gingen den Weg der Unendlichkeit des Wollens. Sie wollten immer mehr erreichen, hatten keine Scham, dabei auch Grenzen zu verletzen. Ihr Ego trieb sie bis hinein in die tiefsten Machenschaften der Materie. Eben dieses Helle und Dunkle, die sanfte und die strenge Art der Macht. Der Mensch fand heraus, dass es nichts gab, was man nicht erreichen konnte durch Geduld, Zähigkeit und Umwege, die nicht dazu gedacht waren, anderen wohlgesinnt zu sein. Meistens versuchten die Menschen dies in vielen Leben, selten in nur einem, bis die Umkehr kam. Das Gefühl der Leere machte sich breit, weil alles Erreichte, alles Materielle oder die große Macht über Menschen, Tiere und Materie nicht mehr die Befriedigung brachten, die man bei den ersten Erfolgen noch hatte. Kennst du das? Ein Stillstand trat ein, so ist es auch heute noch, und der Mensch besann sich auf die kleinen Freuden des Lebens, ging vielleicht den Geschehnissen der Natur auf den Grund und stellte fest: Es gibt noch mehr als das, was ich meine, wozu es sich zu leben lohnt. Die Neugierde, die Suche nach der Erkenntnis des Lebens, nach dem Funktionieren der kosmischen Gesetze ließ den Menschen auf die wissenschaftliche Bahn aufspringen. In früheren Zeiten waren Wissenschaft und Spiritualität noch ein gemeinsamer Wissenszweig. Dann wurde dieser auf Anraten von Königin Viktoria geteilt. Die gegenseitige Ergänzung der wahren Erkenntnisse wurde geschmälert, denn Wissenschaft ohne Spiritualität ist nicht der Weg der wahren Erkenntnis, es fehlen grundlegende Erklärungen und ein Verständnis, das die Wissenschaft allein nicht bieten kann. So landete irgendwann ein jeder Mensch, auch heute noch, bei der Frage nach dem Sinn des Lebens und nach dem großen Schöpfer allen Seins. Auch nach der Liebe, nach der wahren Liebe, die, die so innig ersehnte Erfüllung bringt.

Alle Menschen und alle Wesen, auch außerhalb dieses Planeten und weiteren Gestirnen haben diesen Wunsch. Mögen sie sich auch noch so tief in die Materie der dritten und unteren vierten Dimension verankert haben. Irgendwann sind die fiesesten, abgründigsten und die schönsten Dinge erlebt und eine Suche in die tiefsten Tiefen des eigenen Seins und des Universums, was eins ist, beginnt. So haben alle, die jetzt nicht mehr in deiner Dimension sind, diesen Weg, den du jetzt gehst, ebenfalls gemeistert. Niemand kommt in höhere Welten, niemand kommt in den Himmel, wie ihr es gern nennt, ohne diesen Weg. Doch früher war er hart und zäh und zog sich oft über viele Leben hinweg. Das möchte ich jetzt nicht näher beschreiben. Das werden die Meister, die noch zu Wort kommen, sicher näher beleuchten. Ich will dir sagen, dass alle Wesen, die vor dir ihren Weg des Aufstiegs auf diesem oder anderen Planeten nahmen oder die von einem ganz anderen Universum, einer anderen Galaxie stammen, hierherkommen, um dir zu dienen. Auch wenn sie selbst keine so tiefgründigen materiellen Erfahrungen gehabt haben, so ist es ihnen jedoch möglich, dies durch ihre Weisheit zu erfühlen. Sie können in deinem Feld sehen, was du bist und welche Hilfe sie dir geben können. Niemand muss diesen Weg allein gehen, wirklich niemand.

Früher in den vielen Ären dieses Planeten war es entweder so, dass der Mensch sehr weit entwickelt war und direkt Kontakt zu den hohen Wesenheiten des Lichts hatte oder er war auf Kraftplätze angewiesen, um Zugang durch die Meridiane der Erde zu höheren Energien zu bekommen. Und um sich dieses Gefühl und der Energie zu bemächtigen, die du jetzt fühlen kannst, indem du mit mir verbunden bist. In anderen Zeiten war die Energie der Erde zwar höher, es waren die Jahre der Zyklen, an denen die Erde näher an der Zentralsonne weilte, dennoch waren es nur wenige Menschen, die dieses Wissen, die hohe Energie aufnehmen konnten, weil der Rest der Menschheit entweder in der DNS manipuliert war, dass eine Entwicklung schwerlich durchzusetzen war. Oder es lebten hier überhaupt wenige Menschen auf der Erde. Zwischenzeitlich gab es immer wieder starke Dezimierungen durch Manipulationen, durch Erdgewalten und außerirdisches Eingreifen.

Nun stell dir vor, wenn du in einer schweren Stunde, einer Prise der dunklen Nacht der Seele, wenn du traurig bist, verzweifelst oder wieder mal an einem Punkt, wo du alle spirituelle Entwicklung infrage stellst, einen geistigen Führer fragen kannst, wie es weitergeht. Wenn du noch nicht direkt kommunizieren kannst, stelle trotzdem deine Fragen oder beschwere dich, wenn du nicht weiterweißt und meinst, nur dieser Aufstiegszyklus sei schuld an deinem Dilemma. Es ist gut, in sich zu fühlen, um sich herum zu spüren, und ganz in die Stille zu gehen, um zu bemerken, dass man nicht allein ist. Du kennst diese wunderbaren Begebenheiten, wenn du zur Uhr schaust und dort 11:11 oder 12:12 erblickst, die Zeichen der Neuen Zeit, die dir vermitteln: Du bist auf dem richtigen Weg, du bist in deiner persönlichen Meisterschaft. Wir, die geistigen Helfer vermitteln dir: Du bist nicht allein, wir sind bei dir, und du musst den Weg der Meisterschaft nicht allein gehen. Du weißt, wenn ein Buch fast aus dem Regal fällt, wenn du in einem Buchladen stöberst, es mitwill, es das richtige Nachschlagewerk für deine vielen Fragen ist. Wenn deine Wehwehchen oder stärkeren Krankheiten plötzlich wie von Zauberhand verschwinden, wenn eine Spontanheilung auftritt, die ganz sicher keinem Medikament zuzuordnen ist, weil du keine einnahmst oder dich anderweitig heilerisch betreuen ließest, dann weißt du: Deine Helfer haben deine Selbstheilungskräfte aktiviert oder dir geholfen, den Grund des Symptoms zu erkennen. Wenn du traurig bist, weil niemand im Hause ist und du nicht mehr weiterweißt, und dann plötzlich das Telefon klingelt und deine Freundin sagt, sie spürte, dich jetzt sofort anrufen zu müssen, kannst du sicher sein, es war geistige Hilfe im Spiel. Wenn du zweimal auf ein Seminar aufmerksam gemacht wurdest, aber nicht sicher warst, ob du hingehen sollst, und dann auf deinem Spazierweg ein Flyer vom Wind vor deine Füße segelt, dann weißt du: Das war ein Wink deiner geistigen Helfer.

Wer sind diese Helfer, die viele Menschen als Engel bezeichnen? Dies ist eine sehr menschliche Form der Beschreibung. Wir nennen sie und uns geistige Freunde und Verwandte. Denn letztlich bist auch du ein Engel, ein Weitgereister und ein Außerirdischer. Alle Menschen haben fremde Kodierungen in ihrem Körpersystem. Besamungen von Wesen anderer Planeten fanden einige Male auf der Erde statt. Also sind die Helfer auch deine nahen Verwandten von anderen Sternen. Ist das nicht eine wunderbare Vorstellung? Ich möchte dich bitten, dass du diese Familie mit Liebe betrachtest, mag sie sich auch vor langer Zeit an der Erde versündigt haben. Einige taten es. Sie sind nun vielleicht auf einem besseren Weg oder die Zeit wird kommen, wo es so ist. Wie es für alle Seelen nur diesen Weg nach Hause gibt, jenseits von Gut und Böse.

Es sind auch die Aufgestiegenen Meister, deine Brüder und Schwestern, die diesen Weg der Bewusstseinserweiterung schon vor dir gingen. Sie legten Energiebahnen, wie Jesus es auch tat. Sie haben für dich schon die Pfade bereitet, damit du es nicht so schwer hast. Engel könnten auch Wesen sein, die deine geistige Familie sind, im Sinne deiner Seelengruppe. Sie sind gerade nicht inkarniert und dienen dir auf deiner Reise in diesem Leben. Große Wesen, auch Erzengel genannt, sind hohe Entitäten, die auf ihrer Reise keine Erderfahrungen machten, die meist nie in so tiefer Materie waren, aber bereit sind, ihre Energie herunterzuschrauben, um der Menschheit oder auch Wesen auf anderen Planeten zu dienen. Ihnen auch zu helfen, ihre Heimreise, wohin die Wege sie auch zunächst führen werden, zu begleiten. So hat jeder seine Crew um sich, je nach Entwicklungsstand. Oft sind sie unbemerkt da, manchmal spürst du: Aha, da ist Erzengel Michael, ich kann ihn fühlen. Oder du hörst seine Stimme, was selten der Fall ist, denn meist ist die Kommunikation telepathisch.

Diese wunderbaren Möglichkeiten der Begleitung auf deinem Weg wollte ich dir hier noch einmal sehr ans Herz legen. Wir möchten dir sagen, du bist geehrt und geliebt dafür, hier auf der Erde zu sein. Allein das ist schon das Privileg, gut behütet weiterzuschreiten. Es sei noch erwähnt, dass wir alle selten unaufgefordert unsere Hilfe anbieten. Du musst dich schon etwas bemühen. Zeige uns deine reine Absicht, den Pfad des Aufstieges gehen zu wollen, und wir sind da, um dir die Hand zu reichen.

Es gibt viele Hierarchien in den geistigen Welten, viele Gruppierungen, Gilden und Vereinigungen, hohe Räte des Sonnensystems, der Galaxie und unendlich viele weiterreichende Zusammenschlüsse dieser Art. Es wäre sehr mühsam, dies näher zu beleuchten, es würde deiner Weiterentwicklung sicher auch nicht sehr dienlich sein. Mir ist nur wichtig, dir zu vermitteln, alle, wirklich alle Wesen sind verpflichtet, einem Erdenmenschen Antwort zu geben, wenn er sie kontaktet. Wenn du gern mit weiteren Höheren Selbsten deines Selbst Verbindung aufnehmen möchtest, die, die in höheren, weiteren Welten als dein Höheres Selbst agieren, scheue dich nicht. Sei neugierig und probiere durch innere Reisen an weitere Seinsebenen zu kommen. Unterstützung ist dir sicher.

Noch ein Tipp für deine Kontaktaufnahme: Alles, was in Licht und Liebe dem Wachstum dient, fühlt sich gut und wohl an. Es kann sein, wenn das Wesen oder die Instanz, die du gern kontakten möchtest, sehr hoch schwingt, dass dein Körpersystem darauf reagiert, vielleicht mit Schwindelgefühlen, Schweißausbrüchen oder Hitzegefühlen, sodass du dich hinlegen musst. Oder es kann auch mit dem Bedürfnis, viel zu trinken oder in der Natur unterwegs zu sein, einhergehen. Einige Menschen sagen, dass geistige Wesen kein Zeitgefühl hätten. Das ist insofern wahr, als dass wir nicht in einem Zeitrahmen arbeiten. Aber wir können durchaus irdische Zeitqualitäten einschätzen und auch einen Rat geben, wenn du eine bestimmte Frage stellst, die mit Zeit zu tun hat. Fragt ihr nicht immer gern: „Wann kommt endlich der/die richtige Partner/in für mich?"

Zu guter Letzt noch der Hinweis, den wir auch schon oft gaben, dass es noch sehr hoch schwingende Wesen gibt, die immer dann erscheinen, wenn ein Planet aufsteigt. Stell dir einfach vor, dass diese Wesen so feinstofflich sind, dass der Begriff Wesen schon nicht mehr das richtige Wort ist. Sie sind Gruppenanteile eines sehr hohen Schwingungspools, der sich auf geistige Chirurgie spezialisiert hat. Wenn dein Kopf sich auf die Neue Energie ausrichtet, bedarf es bestimmter Vernetzungen im Gehirn und vieler kleine Nebenmeridiane. Der Zugang zu deinem höheren Gehirn, oft auch als Heiliger Geist bezeichnet, geschieht, indem es mit dem niederen verknüpft wird. Das ist ein sehr langwieriger und feingliedriger Prozess, der sehr viel Fingerspitzengefühl der Chirurgen erfordert. Dein Aufstiegschakra, die *Medulla oblongata* in der Kuhle deines Hinterkopfes wird geöffnet und mit den anderen Chakren verbunden. Wahrlich ein Wunder, diese vielen Dinge exakt zu bearbeiten. Du bist in den letzten Jahren und auch weiterhin deshalb nicht allein. Du fühlst diese Gruppe der hohen Helfer, nicht wahr? Wann immer außergewöhnliche Kopfschmerzen auftreten, Grippesymptome und Zischen im Ohr und Stechen an vielen Körperteilen, wo du noch nie Schmerzen hattest, dann ist es ein Zeichen dafür, dass an dir wieder einmal gearbeitet wird. Es hört nie auf, doch die gute Nachricht ist: Dieser Prozess bringt dir wunderbare Erfahrungen, wie die enge Verbindung zum Höheren Selbst, Kommunikation mit vielen hohen Wesen, außerkörperliche Reisen, Levitationen und vieles mehr. Bist du bereit für diesen Weg der Reise nach Hause und magst noch ein bisschen länger durchhalten? Prima, dann können wir an dir weiterarbeiten.

Selbstliebe und Frieden leben oder sein

Was ist Verstehen? Du fragst dich oft: Habe ich dies oder das verstanden? Du fragst dich das aus Neugierde heraus oder auch durch Aufforderung deines Ego. Dieses persönliche Selbst, das aus dem besteht, was du bisher hier auf der Erde erlebt, und gespeichert hast, deine Vergangenheit. Es setzt sich auch aus dem zusammen, was du auf die Erde mitgebracht hast. Wir können das nicht oft genug in dein Herz legen. Diese Erkenntnis ist so wichtig, weil sie besagt: Ich bin nicht nur dieses Erlernte und Gespeicherte, ich bin noch viel mehr. Wenn du über etwas nachdenkst, logisch folgerst und analysierst, dann tust du das meist mit dem Teil deines Verstandes, der vom Ego genährt wird. Es ist eine wunderbare Konstruktion für ein Leben auf der Erde mit allen Facetten der Dualität. Aber wenn du dein Bewusstsein erweitern möchtest, dann reicht dieses Gehirn nicht aus. Es muss sich mit dem höheren geistigen Gehirn, auch Heiliger Geist genannt, verbinden. Dann hast du eine große Einsicht auf alles, was es gibt. Alles, was es gibt, alles, was ist, ist auch mit deinen Erfahrungen, Erkenntnissen und denen der anderen verbunden. Dein irdisches Denken ist nicht mehr getrennt von der Einheit. Seit der so oft erwähnten Harmonischen Konvergenz 1987 ist ein anderer Kanal geöffnet. Das gilt nicht nur für die Erde, sondern auch für die Menschen. Ihr seid besser angebunden, das wäre eine einfache Beschreibung dafür. So ist der Prozess der Verschmelzung mit deinem Höheren Verstand, das, was jetzt geschieht. Immer mehr wirst du bemerken, du bist nicht allein, es kommen durch höhere Instanzen umfassende Informationen zu allen Fragen, die du hast. Deine Fragen bekommen einen tieferen oder einen höheren Sinn, je nachdem, wie du es siehst. Du erhältst Einblick in das wahre Sein. Ich beschreibe es in diesem Buch auf verschiedene Arten. Ich möchte, dass du alle Sichtweisen des Kontaktes zu höheren Welten erkennst und in dir selbst suchst. Du hast viele Möglichkeiten, dich zu erweitern, dein Bewusstsein zu öffnen für neue und weitere Einsichten. Du öffnest dich damit für das Göttliche Sein. Alle deine Fragen, die dich täglich berühren, bekommen neue Antworten, die höher schwingen, die ganzheitlicher sind und die – wenn es andere Menschen betrifft, und meistens tut es das – für alle Parteien eine Win-win-Situation ergeben. Nicht nur einer gewinnt, alle anderen gewinnen auch. Das ist die neue Art, hier zu leben. Wenn du schnell einen Blick in die Politik und Wirtschaft wirfst, erscheint es dir logisch, dass sich alle Parteien, alle Wirtschaftsbosse und führenden Persönlichkeiten in Ökonomie und Ökologie an einen Tisch setzen, sodass jedes Land, jede Gemeinde das Beste für jeden einzelnen Bürger erreichen kann. Du bist doch auch dafür, dass es Brot für alle gibt, dass niemand hungern muss? Du findest es sicher wichtig, dass Lösungen für die Lagerung des Atommülls gefunden werden, weil niemand Schaden nehmen soll. Du bist ganz bestimmt dafür, dass alle Schulen und Lehrinstitutionen die alten Strukturen ändern und Lehrer den Lernenden das beibringen, was sie wirklich brauchen. So könnte ich vieles nennen, was du für das globale Sein auf der Erde befürwortest. Dieses globale, friedliche Netzwerk in seinem eigenen Bereich zu stabilisieren scheint jedoch gar nicht so einfach zu sein.

Lass uns noch ein bisschen tiefer schauen. Was glaubst du, ist das Richtige für dein Leben? Hast du dir Gedanken gemacht, was jetzt ansteht und passend für dich ist? Unabhängig von deinen Mitmenschen, die du Familie, Freunde und Kollegen nennst. Möglicherweise tun sich dir ganz andere Welten auf, wenn du alles einmal infrage stellst, was du bisher gelebt hast. Ich möchte jetzt nicht von Mustern sprechen, die aufgelöst werden sollten, die dich freier machen. Gehen wir einfach einmal davon aus, dass du viel an dir gearbeitet hast. Die meisten der Leser – denn ich sehe, wer dies hier lesen wird – sind schon länger auf dem Weg beziehungsweise gut dabei, Altes loszulassen, was immer es auch sei.

Viele von den Lesern und auch andere Erwachte stehen vor der Frage: „Was ist nun zu tun?" Bei manchen erkenne ich auch eine große Langeweile, die sich auftut, wenn man das tägliche Leben angehen muss. Der Alltag hat seine Tücken, aber gleichzeitig auch eine Monotonie. Viele alte Seelen sind erdenmüde und suchen neue, besondere Herausforderungen. Und nun kommt der höhere Geist, auch die Intuition ins Spiel. Wenn du dein niederes Gehirn mit dem höheren verbindest, wenn du offen bist für den Heiligen Geist, für die Vater-Energie, dann tun sich ganz plötzlich neue Türen auf.

Lass mich dir einige Beispiele nennen. Wenn du Langeweile spürst, Unzufriedenheit, dann gönne dir eine Ruhepause und gib dir selbst die Chance, tiefer in dich zu gehen. Es müssen nicht immer Kommunikationen mit höheren Ebenen sein, den Wesen, die dort an deiner Betreuung arbeiten. Gehe selbst in die eigenen Weiten und experimentiere mit dir. Nehmen wir an, du sitzt auf einer Bank in der Natur. Erlaube dir selbst, die Energien der Natur auf eine andere, auf eine neue Art zu spüren und zu sehen. Blicke starr auf einen Baum und warte, bis sich dir eine neue Sichtweise eröffnet. Du wirst bemerken, er bewegt sich und wird fast durchsichtig, du hast in die höheren Strukturen des Baumes hineingespürt. Fühle diese Kraft, diese Beweglichkeit. Für dein äußeres Auge ist es ein fester Baum. Dein höher verbundenes Auge, dein höherer Geist zeigen dir die Wahrheit. Der Baum ist ein Stück der höheren Energie des Vaters, von allem, was ist. Die alten Mystiker beschreiben die Existenz des großen göttlichen Feldes als den Vater, der Vater von allem, was ist. Du hast in diesem Moment Zugang zu dieser Urmatrix und kannst damit weiter experimentieren. Erlaube dir, andere Strukturen um den Baum herum wahrzunehmen. Erkenne die Wesen, die als Naturgeister beschrieben werden, die diesen Baum mit ihrem Bewusstsein halten. Nimm Kontakt auf und lass dich zu neuen Erkenntnissen inspirieren.

Wenn du in der Stille deines Hauses sitzt, versetze dich intensiv in die Strukturen des Hauses und bemerke, wie bei dem Baum, dass die Wände transparent sind, und dass die Steine oder das Holz des Baus sich bewegen. Sie sind nicht fest. Das ist Illusion.

Wenn du gern Menschen beobachtest, setzte dich an einen ruhigen Ort, wo Menschen entlanggehen. Beginne das gewisse Starren deiner Augen und bemerke, wie sich die Bilder, die Formen eines Menschen verändern. Sie werden transparenter und weicher, sie dehnen sich aus und bekommen plötzlich andere Farben. Du schaust in die Aura des Menschen und wirst sofort über deine Gefühlsebene bemerken, wie es dem Menschen geht. Ob er sich gut fühlt, oder ob er unkonzentriert, traurig oder gar krank ist. Die Qualität der Felder vermittelt es dir. Dafür musst du keine Tabellen lesen, die beschreiben, welche Farben in der Aura was bedeuten. Du weißt es über dein Gefühl, du bist in dem Moment ganz offen, das Feld des anderen zu fühlen, weil du entspannt bist. Das ist auch logisch, nicht wahr, denn eigentlich seid ihr eins. Heilung funktioniert immer dann, wenn ein anderer dieses Feld ausgleicht. Auch das Gegenteil kann natürlich der Fall sein. Wenn du dich aufgerufen fühlst, sende dein Licht in das Feld des Vorbeigehenden. Vielleicht bemerkst du dann auch gleich, wie sich das Feld des Menschen verändert, und wie er sich nun fühlt, vielleicht etwas leichter, der Gang wird straffer oder dynamischer. Vielleicht streckt der Mensch sich sogar, weil er sich besser fühlt. Dann wirst du Menschen sehen, die mit sich im Reinen sind, wie ihr so schön sagt. Ein Liedchen auf den Lippen pfeifend, nimmst du so einen Menschen wahr, und seine Aura, die ihn umgibt, ist ganz anders. Wenn du dich wieder ganz auf das Starren deiner Augen und dein Gefühl einlässt, wirst du eine wunderbare Schwingung spüren und wissen, der Mensch hat einen schönen Tag. Er ist mit sich in Liebe und erfreut sich des Lebens. Vielleicht bemerkst du sogar, dass du ein bisschen Heilung von ihm erfährst, und eine Bereitschaft der Öffnung lässt eine Welle der Entspannung, Zufriedenheit und Liebe zu dir herüberschwappen. So kann Heilung geschehen. Die Erkenntnis, dass alles miteinander verbunden ist, erreicht immer mehr Menschen. Doch die Tücken des Alltags und die großen Veränderungen hier auf der Erde machen es nicht leicht, ganz in die große Einheit einzutauchen.

Gehen wir noch ein bisschen weiter in unseren kleinen Schritten der Eigenerfahrung. Fragst du dich manchmal auch, wann du dich endlich ganz lieb hast, und wann du nicht mehr mit dir so unzufrieden bist? Dieses Spiel der Dualität bewirkt natürlich auch in dir viele Erfahrungen, die dir vermitteln, dass du gut oder böse bist. Zwischen diesen beiden Polaritäten gibt es viele Facetten. Das Streben des Menschen ist es, sich als gut zu sehen. Jeder möchte gut sein und als gut angesehen werden. Nur, das ist nicht möglich, zumindest nicht auf der Ebene der Dualität, auf den dritt- und viertdimensionalen Ebenen wirken diese Unterscheidungen. Und wenn man eine Richtung anstrebt, agiert die andere automatisch mit. Auf einer höheren Ebene des Bewusstseins ist es fast ausgeglichen. Du hast deshalb eine geringere Spielmöglichkeit. Kleine Unebenheiten sind schneller ausgeglichen.

Dein Ziel sollte es sein, dich ganz so anzunehmen, wie du bist. Versuche einmal einen Tag lang, dies zu beobachten. Was möchtest du sein, was möchtest du nach außen darstellen und warum? Beobachte deine Gedanken einen Tag lang bezüglich dieser Fragen. Du wirst interessante Erkenntnisse haben. Vielleicht machst du es anderen recht, um zu gefallen? Oder du möchtest dich selbst ein bisschen beschummeln, redest dir Taten oder Gedanken schön, um sie nicht tiefer beleuchten zu müssen. Versuche weiter alles neutral zu betrachten, was du tust. Das ist nicht einfach, aber sehr tiefgreifend für dich in Bezug auf Erkenntnisse. Es ist nicht mehr die Zeit, dich selbst zu bewerten. Schau dir genau an, warum du was tust in Bezug auf andere Menschen. Du wirst erstaunt sein, wie sehr du dich selbst manipulierst. Versuche am nächsten Tag diese Sicht und Handlungsweise zu genießen. Genieße jede Situation und schöpfe sie ganz aus. Auch wenn es Dinge oder Situationen sind, die allgemein als unangenehm oder nicht nett oder gar böse bezeichnet werden. Das können auch kleine Boshaftigkeiten oder Neidaktionen gegenüber Kollegen oder Partnern sein. Stehe zu allem, was du tust. Tag drei der Aktion ist, zu hinterfragen, warum du das und das tatest. Die Kunst ist, trotzdem dazu zu stehen, auch wenn du gewisse Taten und Gedanken nicht akzeptierst und sofort abstellen kannst. Es geht hier mehr um die Bewusstheit, dass es so ist. Irgendwann in diesen Tagen wirst du selbst über dich schmunzeln und es vielleicht sogar mit einem Menschen besprechen.

Du wirst dich freier fühlen, und kannst dich selbst besser annehmen. Wenn du das Beobachten und Erkennen annimmst, fühlst du dich besser und besser und gibst deiner eigenen Göttlichkeit die Chance, dich lichtvoller zu durchfluten.

Wenn du nun aufmerksam beobachtest, wie das göttliche Höhere Selbst dich physisch und auch intellektuell sozusagen übernimmt, bemerkst du, dass Reaktionen, die du bisher auf Menschen und Situationen hattest, auch kritische Phasen, sich verändern. Es gibt weniger Stressmomente, Eifersüchteleien, Bedürfnisse, recht haben zu wollen, Streitigkeiten und vieles mehr. Dein Feld ist etwas mehr geglättet und du gehst nicht mehr in Resonanz mit stark dualistischen Reaktionen. Manchmal hast du das Gefühl, du stehst neben dir und beobachtest, was du tust. Du bist vielleicht sogar erstaunt, dass du deine Chefin aus tiefem Herzen anlächeln kannst, obwohl sie dir immer noch, so spürst du es, nicht vertraut oder dir etwas missgönnt, was aus ihrer eigenen inneren Ängstlichkeit herrührt. Alles, was nicht in Liebe geschieht, ist Angst, Urangst und mangelndes Gottvertrauen.

Das, was ich soeben beschrieb, ist natürlich ein Prozess. Doch in dem befindest du dich schon eine Weile. Ich beschreibe es dir, um es dir bewusst zu machen. Du tust dies alles schon, weil dein Höheres Selbst es dir – unbewusst vielleicht – immer wieder suggeriert. Du bist schon in der Verbindung, du warst es immer, nur du wusstest es nicht.

So kommt die Selbstliebe immer stärker durch, sie belebt dein Feld, und besagt letztlich, du bist dir deiner selbst bewusst. Du erkennst: Ich bin hier, um zu lernen, mich aus der erfüllten Dualität zu lösen, sie auszugleichen. Wo keine Reibung mehr entsteht, darf Ausgeglichenheit geschehen, denn es ist keine Resonanz mehr da zu Reizthemen, zu allem, was hier als Spielfeld gilt. Das geschieht jedoch nicht auf der niederen Gehirnebene, das kann nur gelingen, wenn eine Verbindung zum Höheren Geist, zum göttlichen Feld, in dem sich dein Höheres Selbst befindet, geschieht. Das passiert oft dann, wenn du entspannt bist, wenn du loslässt, das Zepter abgibst und dir sagst: „Mein höherer Wille geschehe, und das ist der Wille des Vaters, der göttlichen Matrix, in dem mein Höheres Sein sich befindet. Das ist mein Weg in die Einheit."

Selbstliebe zu erfahren kann mit wundervollen Gefühlen einhergehen, die bewirken, dass man die Welt mit einem freudvollen Auge sieht, dass man Klippen nicht als Belastung, sondern eher als eine freudvolle Herausforderung sieht, die nicht mit Magendrücken einhergeht. Das Leben wird leichter. Natürlich gibt es die irdischen Prozesse und Herausforderungen im täglichen Leben, es ist ja der Weg des Dritten Auges, den du gewählt hast, deine Meisterschaft zu gehen. Doch es ist immer wieder möglich, diese Schritte in Leichtigkeit, sich selbst liebend zu beschreiten, wissend: Alles ist möglich, es gibt nichts, was nicht zu schaffen und zu klären wäre, weil ich ein göttliches Wesen bin.

Selbstliebe ist die Verbundenheit zur göttlichen Einheit. Es hat nichts mit Eitelkeit zu tun. Eitelkeit ist das Werk der Dualität. Wer eitel ist, hat Angst im Leben zu bestehen und sieht alles als Kampf an, weil er davon ausgeht, dass er getrennt von allem anderen ist. Selbstliebe heißt, zu verstehen, dass alle Menschen ähnliche Sorgen haben, ähnlichen Kampfgeist, der Beste zu sein und geliebt zu werden, unabhängig davon, ob die Grundbedürfnisse befriedigt sind. Es ist eine Straße ohne Ende, sich getrennt von der Einheit zu sehen. Die Liebe zu sich selbst ist nicht etwas weit Entferntes, das man sich verdienen muss. Auch diese Prägung ist sehr dualistisch. Die heutigen Religionsdarstellungen basieren auf diesem Prinzip. Selbstliebe ist immer da, man muss nur den Hebel umlegen und sich bewusst sein, dass man göttlich ist, dass man Gott, der Vater, die Ursubstanz ist. Dann folgt die Liebe, das Sein in dieser Göttlichkeit von ganz allein. Versuche diese Worte und diesen Weg des Hebels mit deiner höheren Instanz, deinem höheren Gehirn zu verarbeiten. Verweile einen Moment in dieser Energie des Einen, die ich dir hier vermitteln darf.

Der nächste Schritt dieses Prozesses bringt es mit sich, dass der Mensch nicht mehr will, sondern einfach ist. Immer etwas sein oder tun wollen ist ein dualistisches Konstrukt. Du wirst stetig spüren, dass es gut ist, nichts zu tun oder weniger zu tun. Wie in einem Zug, der fährt und fährt, sitzt du auf deinem Platz, schaust aus dem Fenster und beobachtest das Leben. Nimmst es wahr, erfreust dich, bist erstaunt, oder wendest dich anderen Bildern zu. Du tust dies, ohne zu werten. Wenn dir etwas nicht gefällt, schaust du aus einem anderen Fenster. Der Fahrer des Zuges ist dein Höheres Selbst, inspiriert von seinen höheren Anteilen. Ab und an vermittelt es dir, auszusteigen. Dann hält der Zug an, du tust dieses oder jenes, bist mitten im Leben, doch du hast immer die Fahrkarte in der Tasche, bereit, entspannt weiter Ruhesequenzen, beobachtende Zeiten und auch wieder Aktivitäten zu leben. Irgendwann kommst du an. Du hast dein Ziel erreicht, das ist das Ende deines Erdendaseins. Das bedeutet nicht unbedingt einen Tod durch das Verlassen des Körpers, vielleicht nimmst du das nun durchlichtete Kleid mit. Dann besteigst du, wie auf einem Umsteigebahnhof einen anderen Zug, der vielleicht ganz anders ist als der Erste, aber auch ein Ziel hat. Es wird einige Züge geben, in die du steigst. Das große Ziel, das entfernte Ziel ist das wahre Zuhause, die Einheit.

Der Weg ist das Ziel, wie ihr so schön sagt. Der Weg ist Entwicklung und Meisterschaft. Du bestimmst, ob du den

Weg dieser irdischen Meisterschaft in Frieden oder in Unrast und kämpferisch gehen möchtest. Der Beobachter zu sein, entspannt im Zug des Höheren Selbst zu sitzen und geschehen zu lassen, was geschehen soll und dann aktiv zu sein, wenn es passt, beschert dir ein friedvolles Erdenleben. Und da du mit allen vereint bist, schenkst du allen anderen Menschen eine Veränderung des großen Feldes, das die Menschheit mit Informationen und Ideen speist. Vielleicht bist du es, der es schafft – wie bei dem bekannten Beispiel vom 100. Affen, durch den eine Art paranormaler Lernvorgang ausgelöst worden sein soll, der es ermöglichte, dass ein neues Bewusstsein von Geist zu Geist kommuniziert werden konnte –, die Möglichkeit zu vermitteln, dass es so leicht ist, die Nuss zu knacken. In diesem Falle meine ich, die Waffen zu strecken, und dem Nächsten die Hand zu reichen. Das ist der Beginn des erhofften Goldenen Zeitalters.

Ausrichtung an höheren Welten (bis) zur Einheit

Wenn wir alle, ich eingeschlossen, uns bewusst machen, dass es keine Trennung gibt, obwohl die Schöpfung sich vielfach aufteilte und ausweitete, bekommt unser Leben eine ganz andere Güte. Ich benutze bewusst das Wort „Güte". Es hat etwas von „gut", dieser Qualität des Wohlseins, des Sich-gut-Anfühlens, des Genährt-Seins, des Lobpreisens, und es ist auch wie ein Gütesiegel. Eine Qualitätsbescheinigung des Allerbesten, inklusive Steigerungen. Menschen pflegen Bewertungen für Gut und Güte zu geben und benoten es sogar, vielleicht in Zahlen von eins bis zehn. Wenn etwas gut ist, wenn etwas von hoher Güte ist, möchte man es gern haben, man möchte es im Leben verwenden, sich darin suhlen, wie ein Tier es tut, wenn es sich besonders wohlfühlt. Dieses Wort Güte beinhaltet noch etwas anderes. Gütig zu sein, Güte auszustrahlen, besonders in Situationen, wenn etwas nicht so gut gelaufen ist. Wenn wir von jemandem eine Entschuldigung erwarten, weil er uns etwas nicht so Gutes getan hat. Es ist auch diese Qualität des Verzeihens dabei. Jemanden zu vergeben, ihm nicht mehr übel gesinnt zu sein, auch wenn das, was er uns antat, sehr schwerwiegend für uns war, vielleicht unser Leben völlig verändert hat. Benotungen sind etwas sehr Elementares im Leben eines Menschen, eines Geistwesens, das in einem Körper inkarniert ist. Und es hat natürlich etwas mit Dualität zu tun.

Wir wollen einmal schauen, wie es bei dir mit der Güte steht. Meinst du, du seiest gütig zu anderen Menschen oder einer Situation gegenüber? Ist es für dich fast selbstverständlich, einem anderen zu verzeihen? Bist du bereit, jemandem zu vergeben? Schau, was in diesem Wort versteckt ist, du ver-gibst etwas. Du gibst Erlösung, du gibst sogar so etwas wie Absolution. Wir werden hier fast poetisch und gehen gleichzeitig in den Bereich des Richtens hinein. Gerichtsbarkeit und Gerechtigkeit sind zwei Begriffe, die nahe beieinanderstehen.

Ich bewege mich auf dünnem Eis, wenn ich behaupte, so etwas wie Gerichtsbarkeit kann es nicht geben. Aus der Sicht heraus, dass der Mensch kein Einzelwesen ist. Wenn man also richtet, jemanden oder etwas richtet, richtet man eigentlich alle, was meinst du? Es gibt doch nichts, was nicht irgendjemand nicht schon einmal getan hätte. Alle Menschen haben gestohlen, waren verbrecherisch und haben mit der dunklen Seite des Seins experimentiert. Es gibt also eigentlich niemandem das Recht, andere zu beurteilen und zu verurteilen. Zu verurteilen vielleicht zu einer Gefängnisstrafe, indem er ihn einsperrt und somit auch in der Erfüllung seiner Grundbedürfnisse einschränkt. Wer schon einmal in diesem oder einem anderen Leben, in so einer Situation war, weiß, wie schrecklich es ist, sich diese Bedürfnisse – sich frei zu bewegen, zu kommunizieren, mit anderen zusammen zu sein – nicht einfach erfüllen zu können. Ist es korrekt, einem anderen Menschen so etwas anzutun, nur weil man ein Rechtswesen studiert hat, das auch Menschen zusammengestellt haben und das außerdem je nach Ära variiert? Jemanden ans Kreuz zu schlagen, war vor gut 2000 Jahren die Art, schwer zu verurteilen. Heute geht man nicht ganz so hart gegen Menschen vor, die nicht der Norm entsprechen. Doch jegliche Beschränkung ist ein Eingriff in eine Persönlichkeit, die mit allen verbunden ist.

Ich möchte keine negativen Taten gutheißen, ich möchte ihnen nur die Schärfe nehmen. Es ist das, was wir Ursache und Wirkung nennen. Niemand kann in einen anderen Menschen hineinschauen, in dessen tiefste Speicherung und herausfinden, warum er fehlte. Es ist etwas sehr tief Gespeichertes, das er ausgleichen musste, wollte oder dazu gedrängt wurde. Das hat natürlich auch etwas mit Resonanz zu tun. Niemand muss irgendetwas auf eine festgelegte Weise tun, also Gleiches mit Gleichem vergelten. Man kann selbstverständlich eine Tat, ein Geschehen, eine Begebenheit auch sanft ausgleichen und/oder im Geiste.

Ich sage dies alles, um dir zu helfen, die Einheit zu verstehen. Es gibt nichts, was du oder andere nicht in irgendeiner Form schon getan haben, was man hier auf der Erde tun kann. Nichts ist neu, kein Verbrechen ist nicht schon einmal verübt worden, vielleicht viel grausamer als heute, weil man in verschiedenen Zeiten unterschiedliche Einstellungen zu dem Wert des Menschen und auch seinen Schmerzgrenzen hatte.

Die grausamste Form der heutigen Verbrechen geschieht nicht von Mensch zu Mensch, sondern von Einzelnen und kleinen Gruppen an größere Gruppen. Das sind die Taten derjenigen, die Menschen manipulieren, an Waffen Geld verdienen und aus ökonomischen Gründen Kriege anzetteln. Das sind die Hauptfaktoren heute, die den wahren Frieden unterdrücken. Wenn man all dies verändern möchte, muss man global denken, und einzeln handeln. Wenn du kollektiv arbeiten möchtest – ich packe jetzt ein mir sehr wichtiges Thema einmal von einer anderen Seite an –, dann musst du bei dir und deinem Frieden beginnen. Wenn du dich als ein Teil der Einheit immer mehr verstehst, weißt du, dass du nichts tust, was nicht auf andere wirkt. Alles, was du denkst und tust, hat Auswirkungen auf andere Menschen, alles. Wenn du dies wirklich verstanden hast, dann müsstest du sicherlich laut lachen, weil es dir wie ein Witz vorkommt. Getrenntheit ist eine Lüge.

Wie nun möchtest du die Welt retten? Viele von euch haben jetzt neue Ideen für Lebenskonzepte. Die variieren von kurzentschlossenen Schritten im eigenen Leben, bis zu Schritten für die Familie und weitere Verwandte und Freunde, indem man Zusammenhalt demonstriert, auch im äußerlichen Wirken, indem man vielleicht auf die Straße geht und Transparente schwenkt, die für mehr Geld, weniger Macht für die Banken und Ähnliches protestieren. Nebenbei bemerkt: Man kann selbstverständlich ohne Banken sein Leben gestalten, und lediglich die notwendigsten Sachen dort tätigen. Wenn du bei einem großen Konzern arbeitest, wird man dir deinen Lohn sicherlich nicht in Bargeld auszahlen. Aber du könntest dich auf das Notwendigste beschränken, um nicht unterstützend zu wirken in einem Verband, einer Institution, die alles auf der Welt dualistisch machtvoll in der Hand hat. Es sind die Banken und ihre Transaktionen, die alles ausmachen, wirklich alles. Wir wollen da nicht tiefer hineingehen, es war nur ein Beispiel. Wenn du persönlich beginnst, etwas zu tun, das Abhilfe an der Ausbeutung der Menschen schafft, diesem dualistischen Spiel, ich will das nicht bewerten, dann hast du etwas im Feld, das die Menschen speist, geändert. Nimm dich wichtig und verstehe deine Kraft, die du hast, wenn du deinen Weg, deinen Pfad nach Hause veränderst. Damit hilfst du anderen, ihren Nachhauseweg zu finden.

Wir alle richten uns nach etwas Höherem aus, das tun wir auch, nicht nur die Menschen. Wir sind auf höheren Ebenen zu Hause. Dort gibt es andere Konzepte, andere Ideen, andere Möglichkeiten und auch andere Grundvoraussetzungen. Ich muss mir keine Sorgen machen, ob ich morgen genug zu essen habe, denn ich esse nicht. Ich brauche auch kein Geld, hier hat man keines. Hier wird alles erschaffen, wenn es gewollt ist. Dieses kosmische Konzept gilt selbstverständlich auch für die Erde, nur der Weg bis zur Manifestation ist zeitweilig etwas langwieriger. Obwohl du sicherlich schon festgestellt hast, dass dein Gewünschtes spannenderweise oft sehr schnell da ist, schneller als du es glaubtest.

Wenn man, wie in meinem Fall, keine Bedürfnisse unterdrücken oder sehnsüchtig auf etwas warten muss, hat man Zeit und Muße, andere Dinge zu tun, obwohl das Wort „Zeit" hier nicht passt. Ich muss auch nicht schlafen, ich bin immer fit. Wunderbar, nicht wahr? Trotzdem hat das Leben auf der Erde herrliche und spannende Vorzüge, es ist abenteuerlich, es gibt so viele Möglichkeiten sich auszudrücken. Und oft ist es wirklich mit vielen aufregenden Geschehnissen verbunden, denk nur an eine Reise in unbekannte Länder.

Dein Weg in die Einheit führt dich über viele Facetten deines wahren Seins. Wir empfehlen zuerst die Verbindung zu deinem Höheren Selbst, die nächsthöhere Instanz deines Seins, die den engsten Kontakt zu dir hat. Das Höhere Selbst beobachtet all deine Aktivitäten und versucht, die Hand darüber zu halten. Das tat es vielleicht nicht unbedingt in anderen Leben, die mit sehr tiefen materiellen Erfahrungen und großer Unbewusstheit deinerseits gespickt waren.

Über deinem Höheren Selbst sind weitere Höhere Selbste. Es ist wie eine Leiter zu verstehen. Du gehst eine Leiter hoch, du erreichst eine Stufe und noch eine Stufe. Dann ist die Leiter irgendwann zu Ende und du bist, so meinst du, am Ziel deiner Wünsche angelangt. Du hast wahrscheinlich zurzeit den Wunsch, in die fünfte Dimension zu gleiten. Das ist ein realer Wunsch, doch mit Meilenstiefeln höher zu schreiten, ist nicht ganz so leicht. Wir empfehlen auch, jeden Schritt der Leiter zu genießen, auszukosten und alle Aspekte zu durchleben. Am Ende der Leiter denkst du, angekommen zu sein. Du genießt es und erkundest alles, was neu ist und bist voller Abenteuerlust. Doch dann entdeckst du voller Erstaunen, dass da eine neue Leiter ist. Du kannst nicht sehen, wohin sie führt, aber es scheinen einige Stufen zu sein, die erklommen werden wollen. Damit will ich sagen, dass es immer neue Welten gibt, die kennenzulernen sind. Zurzeit klärst du deine ätherische, deine astrale/emotionale Welt. Der nächste Schritt bedeutet, dass du deinen mentalen Bereich aufräumst und mehr Licht hineinbringst. Das ist die Voraussetzung für den großen Schritt in die fünfte Dimension.

Doch das ist nur einer deiner vielen Schritte. Wenn du dort bist, dann siehst du auch viele Wegweiser, wie du vielleicht anders oder schneller in andere Ebenen kommst. Vielleicht möchtest du, dein Höheres Selbst, noch eine kleine Abenteuerreise auf einen anderen Planeten machen?

Der Weg in die Einheit ist beziehungsweise kann sehr lang sein. Oder auch kurz, je nachdem, wie du es empfindest, wie du dich bewegst, das Leben dort zelebrierst. Deine Gedanken spielen dabei eine wichtige Rolle. Und auch deine Ausrichtung, deine eigene Urschwingung, die Qualität, die du bearbeiten möchtest auf dem Weg nach Hause sind wichtig. Was möchtest du tun, wenn du weitergegangen bist? Vielleicht den Menschen weiter dienen? Dann tust du das, was einige Aufgestiegene Meister sich ausgesucht haben. Sie bleiben so lange, bis der letzte Mensch seinen Weg aus der Dualität eingeschlagen hat. Da wir nicht mit Wertung arbeiten, ist es nicht schlechter, wenn du weiterziehen willst. Das Höhere Selbst über deinem Höheren Selbst wird seine Ideen und Qualitätsvorstellungen haben und sie vermitteln.

Schritt für Schritt kommst du auf deinen vielen Reisen und Erlebnissen der Einheit näher. Ab einer bestimmten Ebene, ab der 7. Dimension sind keine Formen mehr möglich und auch nicht nötig. Das Einheitsgefühl, das Gruppenbewusstsein hat hier die Führung übernommen. Niemand ist mehr individuell, sondern mit anderen eigenen Anteilen eng verbunden. Dies ist schwer in Worte zu kleiden. Du bist einfach nicht mehr eines, sondern viele. Niemand empfindet es als eine Minderung seines Seins, eher als Bereicherung, weil alle Qualitäten für jeden Aspekt des Ganzen zugänglich sind. Wie ein Tropfen in einem Ozean, der zwar nur ein kleiner Tropfen ist, aber über das ganze Wissen des Meeres verfügt. So klein und doch ist er sich des Ganzen bewusst.

Wie fühlt sich diese Vorstellung der Einheit für dich an? Irgendwann wird die Quelle ihre ganzen Schöpfungen wieder zurückziehen. Alle Schöpfungen gehen zurück in die Urkraft, in den Urgedanken, sodass ganze Universen zu einem kleinen Punkt verschmelzen. Kannst du das mit deiner Vorstellungskraft ermessen? Nein, sicherlich nicht. Aber du kannst dich jetzt ganz entspannt zurücklehnen. Alles wird so für dich sein, wie dein Urschöpfer und seine Schöpfungen, die dich letztlich kreierten und aussandten, es für dich erdenken. Dennoch hast du Spielraum, hier in dieser Erdenwelt dein Dasein mit eigenen Ideen zu gestalten. Nur, wenn du, wie ich glaube, erdenmüde bist und neue Wege und Abenteuer suchst, macht es Sinn, der kleinen leisen Stimme in deinem Heiligen Höheren Herzen zu lauschen. Es kennt den direktesten Weg nach Hause.

Lass mich dich noch fragen: Hast du wirklich Lust, in die Einheit zurückzugehen? Oder magst du hier noch ein bisschen spielen, weil es so schön ist? Oder möchtest du vielleicht mit einem Bein in der Dualität noch ein wenig Krieg und Frieden spielen, aber deinem anderen, dem interdimensionalen Bein gestatten, die Spielregeln zu verlichten?

Teil 2

Die Aufgestiegenen Meister erzählen von ihrem Weg

Jeshua/Jesus spricht

Es ist mir eine Ehre, jetzt in diesem Zeitfenster zu euch sprechen zu dürfen. Wir sind in diesem Moment deines Lesens intensiv miteinander verbunden. Ich weiß, wer diese Zeilen liest. Es ist wie ein Anruf, den ich bekomme, wenn du beginnst, in das Geschriebene einzutauchen. Wie oft gesagt wird, sind es Energiepakete, die wir für euch bereithalten. Es ist uns wirklich eine Freude, euch auf eurem Weg der Meisterschaft behilflich zu sein. Wir sind die älteren Schwestern und Brüder, die den Aufstieg, die Erweiterung des Bewusstseins schon geschafft haben.

Ich beginne unsere Begegnung mit der Frage: Wie geht es dir? Wie fühlst du dich jetzt in diesem Moment? Hast du Sorgen oder Schmerzen? Was bewegt dich zurzeit? Wir nehmen diese Sorgen mit in unsere Begegnung, damit du, wenn du dieses Buch wieder beiseitelegst, über neue, plötzlich auftauchende Ideen sinnierst, wie du der Sache habhaft werden kannst beziehungsweise wie du sie glättest. Das ist ein interdimensionales Unterfangen. Denn nichts ist nur für dich und mit dir allein. Wenn du an jemanden denkst, weiß er es. Nur du weißt nicht, dass er es weiß. Komisch, nicht wahr? In nicht allzu langer Zeit wird es euch bewusst sein, wenn jemand euch mit Gedanken bombardiert, seien sie freundlich oder nicht so nett. Ich möchte dir helfen, deine Sichtweise des Lebens und ihre Verursacher klarer zu sehen. Lass mich deshalb ein bisschen über meinen Werdegang plaudern.

Ich bin sehr viele Leben hier auf diesem Planeten gewesen. Ich gehöre zu der frühen Sternensaat, die zur zweiten Besiedlung hierherkam. Eine große Naturkatastrophe, ein

Komet war auf die Erde geprallt und hatte fast alles Leben ausgelöscht. Nur wenige Spezies hatten ausgehalten, bis es wieder lebenswert auf diesem Planeten war. Wir waren eine große Gruppe von 30.000 Wesen. Wir kamen vom Sirius. Das war unsere Ausgangsstelle. Wir hatten die Aufgabe, die Erde wieder zu besiedeln. Das taten wir mit großer Ausrüstung und vielen Helfern, die im näheren Erdbereich viele Voraussetzungen schafften und kontrollierten, die eine Landung hier möglich machten. Wir waren noch außerhalb dessen, was ihr Dualität nennt. Wir waren Wesen, die männliche und weibliche Qualitäten in sich fest verankert hatten. Unsere Art, Nachwuchs zu zeugen, war anders als die heutige. Wir waren uns unseres Daseins bewusst. Wir waren weit entwickelte Wesen aus der fünften Ebene, kannten die Möglichkeiten, die Schwerkraft außer Kraft zu setzen und waren mit dem Urprinzip des Erschaffens wohlvertraut. Es war eine lange Zeit des Schaffens, des Gebärens von Leben, das wir in vielen Jahrhunderten und Jahrtausenden erschufen. Wir hatten die Möglichkeit, sehr lange im Körper zu bleiben. Viele Leben würde das bei euch bedeuten. Irgendwann wurden wir, du würdest sagen, ausgetauscht. Die Kraft und auch die Idee dieser Neubesiedlung waren erschöpft, es waren neue Körper nötig. Auch neue Ideen mussten hierhergebracht werden. Denn diese Neubesiedlung war keine einfache Sache. Stell dir vor, wie es ist, wenn ein Planet völlig verwüstet worden ist. Die Erde hatte kein klares Gesicht, viel Staub und Nebel verdunkelten die Tage. Wir lebten in kleinen Gruppen, die Spezialisten waren auf bestimmten Gebieten und trugen ihren Teil dazu bei, die Erde wieder mit neuen Samen zu bestücken. Mutter Erde ist ein Wesen, keine tote Materie, das ist euch langsam immer mehr bewusst. Wir hatten die Möglichkeit, alle Transaktionen mit der Erde selbst abzusprechen, und sie somit zu unterstützen, wo Hilfe nötig war. Aber es war nicht immer eine leichte Zeit, weil es mit viel Geduld und auch Niederlagen verbunden war. Doch wir waren reinen Herzens und haben diesen Dienst sehr geliebt. Meine weiteren Leben passten sich diesem Planeten an. So wie die Erde sich in ihren bekannten Zyklen entwickelte, so habe auch ich mich entwickelt, indem ich alle Erfahrungen in mir sammelte. Ich war in Atlantis dabei, in Lemuria hatte ich Inkarnationen. Nach dem Untergang von Atlantis setzte ich meine Entwicklung in Ägypten fort.

Zwischen diesen Inkarnationen verbrachte ich eine Zeit auf der Venus und begab mich dort in die Schulung der Kumaras (Lehrer, Meister, auch Sohn Gottes genannt). Ich wollte mich in der hohen Kunst der leiblichen und kosmischen Liebe weiter schulen lassen. Mein Spezialthema war die Verbindung der Menschen untereinander. Oder lasst mich besser sagen, der Wesen untereinander. Es ging nicht nur um die Menschen. Diese längere Schule brachte mich mit vielen Wesen dieses Sonnensystems zusammen. Es waren nicht nur menschliche Spezies, vielerlei unterschiedliche Formen des göttlichen Ausdrucks durfte ich kennenlernen. Wenn du Lust hast, und es dich interessiert, hast du die Möglichkeit, jetzt in diesem Moment oder wenn du später nochmals eintauchen möchtest, auch einen Besuch in dieser Schule zu machen. Man heißt dich herzlich willkommen. Ein Kumara mit dem Namen Justaria wird dich gern empfangen. Lass dich herumführen und dir zeigen, wie dort gelehrt und gelernt wird. Ich bin sicher, der eine oder andere von euch wird sich erinnern, auch schon einmal dort gewesen zu ein.

Meine ägyptischen Inkarnationen waren mit der Ausbildung in ägyptischen Mysterienschulen verbunden. Ich wählte in verschiedenen Leben unterschiedliche Arten der

Schulung. Dir ist vielleicht bekannt, dass man dort unterschied zwischen dem linken Auge des Horus, das war die weibliche Ausrichtung der Schule, und dem rechten Auge des Horus, das für den männlichen Weg mit der Wissenschaft und Ähnlichem steht. Der dritte Weg, der Weg des Dritten Auges, ist der Weg der Bewusstseinserweiterung im täglichen Leben. Die beiden anderen fanden in Tempeln und anderen Schulungsorten statt, abseits vom normalen Leben. Ich wollte alles kennenlernen. Es währte gut zehn Leben lang. Ich wusste in den letzten Leben jeweils vom vorherigen beziehungsweise allen Leben, die ich in diesen Schulen verbrachte. Ich konnte mich schon im zarten Kindesalter an die Leben und das Wissen erinnern. Ich traf zum Teil auf dieselben Lehrer, die einige Jahrhunderte in ihrem Körper weilten. Diese Schulung war sehr umfangreich. Den Weg über das Dritte Auge habe ich mir für die letzten zwei Leben vorbehalten. Ich wurde übrigens von einem hohen geistigen Lehrer betreut, von Sanat Kumara. Ein Wesen, das ich während meiner Venusschulung näher kennenlernte. Er ist sehr intensiv mit der Erde verbunden, denn er hält mit seinem Bewusstsein die Erde umspannt. Er ist in verschiedenen Räten und Gremien eine wichtige Instanz und Beratungsperson für die Erde und andere Planeten dieses Sonnensystems und der Galaxie. Er bietet übrigens jedem suchenden Menschen an, sich mit ihm in Verbindung zu setzen. Das ist ein großes Geschenk für diese Zeit des Wandels auf der Erde. Früher war das nur Auserwählten vorbehalten. Deinem Weg des Aufstiegs steht demnach nichts mehr entgegen. Du musst lediglich voller Vertrauen sein und dich intensiv auch im täglichen Leben nach innen wenden.

Dann begann meine Phase des äußeren Lernens unter einigen indischen Meistern. Viele im Osten der Welt haben mir sehr viele weitere Kenntnisse über menschliches Zusammenleben geschenkt, eine Fortsetzung meiner Venusschulung. Alles war auch eine Vorbereitung auf eine letzte Inkarnation als die Person, die ihr Jesus nennt. Ich biete allen an, die mit mir in engeren Kontakt treten wollen, mich als Jeshua anzusprechen. Die Gestalt Jesus ist eine andere Gestalt. Sie bezieht sich auf dieses letzte Leben und auf eine Kultfigur, die ich nicht gewesen bin und auch nicht sein möchte. Ich war auf dem Weg meiner Meisterschaft und ich hatte eine besondere Aufgabe, das ist korrekt. Nur ich bin nicht am Kreuz gestorben, das ist als ein Symbol zu verstehen. Die christlichen Kirchen haben daraus etwas anders gemacht. Es war ihnen passender. Ich darf auch erwähnen, dass die Evangelisten nicht alle ganz der Sache des Überlieferns meiner göttlichen Lehre dienten. Sie waren ja nicht dabei, sondern gingen von Überlieferungen aus, die sie zusammentrugen. Zwei von ihnen waren gut geistig angebunden und berichteten die Wahrheit.

Ich war verheiratet, nach alten Traditionen, wie es damals üblich war. Ich heiratete Maria Magdalena, die auch stets in den letzten Jahren an meiner Seite war. Wir lernten uns über Maria, meine Mutter, kennen, die wie Maria Magdalena der alten Isis-Priesterschaft angehörte. Beide waren große Eingeweihte. Wir drei wussten um unsere Aufgabe. Diese war, den Menschen zu vermitteln, dass der höchste Gott, der Schöpfer allen Seins in jedem Menschen vorhanden ist. Als Teil des göttlichen Funkens, einer Stelle im physischen Herzen und in Form eines Höheren Seins, dem Höheren Selbst, das in höher schwingenden Ebenen Anteile seiner selbst als Menschen aussandte, um irdische Erfahrungen zu machen. Alle Rituale hatten mit den vier Elementen zu tun, die in jedem Menschen vorhanden sind. Der Mensch sollte sich seiner Ganzheit bewusst werden. Rituale, die mit der Geschlechtsreife zu tun haben, sollten Menschen in einen nächsten Schritt des Lebens hineingeleiten. So wie es bei alten Menschen, die ihre Arbeit beenden und durch ein Ritual an Jüngere übergeben, auch ein Schritt in einen neuen Lebensabschnitt ist. Der des Resümierens, des In-sich-Schauens, was das Leben brachte und was man auszugleichen hatte. Es war auch meine Aufgabe, dem Menschen die Natur und ihre Qualitäten näherzubringen, ihre Bedeutung und ihren Umgang. Die vielen kleinen Wunder, die in dieser Phase meines Schaffens geschahen, konnten geschehen, weil ich mit meinem Höheren Anteil, einem wunderbaren Lehrer eng verbunden war und durch ihn aus der Urmaterie schöpfen konnte. Wasser in Wein verwandeln, Fische und Brot vermehren, so wie es überliefert und interpretiert ist, ist allen Menschen möglich, ihr werdet immer mehr in diese Kraft eingeführt. Hast du nicht auch schon bemerkt, dass viele Dinge deines täglichen Lebens sich fügen, leichter gehen und plötzlich mehr von einer Sache da ist, als du meintest? Vielleicht ist Geld in einer Tasche, das du vorher dort nicht hattest. Wie mag das geschehen sein? Hat dein Höheres Selbst seine und deine innewohnende Kraft benutzt und im wahrsten Sinne des Wortes aus dem Vollen geschöpft? Denke ein bisschen darüber nach. Wo sind Begebenheiten in deinem Leben, die ungewöhnlich sind und wie Wunder erscheinen? Du wirst vorbereitet auf das Wissen, das man früher Geheimwissen nannte.

Damals war es meine Aufgabe, diese wunderbaren Möglichkeiten den Neugierigen nahezubringen. Die Menschen, das geschah tatsächlich, die durch meine Energie geheilt wurden, waren mit der Göttlichen Energie in Verbindung gekommen und passten ihren eigenen Körper wieder der Göttlichen Blaupause an. Es ist eigentlich höhere Physik, diese göttliche Schöpferkraft, im wahrsten Sinne des Wortes.

Nur die Menschen damals haben daraus etwas ganz anderes gemacht. Ich war für einige wie ein Magier, den man gut im Auge behalten musste. Für andere war ich der Wunderheiler, etwas Besonderes. Nur wenige verstanden, was ich wirklich tat und was ich mit den Taten ausdrücken wollte. Dass all das, was ich erreichte, alle können. Man muss sich dafür lediglich öffnen und bereit für Wunder und die Göttliche Kraft sein.

Maria Magdalena und ich lebten viele Jahre zusammen, hatten drei Kinder und waren auch Lehrer für viele Menschen. Wir gründeten zwei Schulen, eine weibliche Linie, die der Maria Magdalena, und eine männliche, die meine. Somit waren und sind auch noch heute für Suchende alle Wege abgedeckt. Du gehst jetzt den dritten Weg, den des Dritten Auges. Du lebst deine Meisterschaft mitten im Leben. Ist das nicht aufregend? Mir erging es damals so. Natürlich hast du viel Wissen aus anderen Leben, auch aus Mysterienschulen. Wenn ich in die Leserschaft schaue, sehe ich viele Anwärter der alten Schulen. Viel Wissen wurde dir zugetragen. Nur den Abschluss hast du nicht geschafft. Oder du bist wiedergekommen und warst sogar bereit, nochmals tief ins Vergessen zu tauchen, um durch deinen Weg des Erwachsens, wie ich es tat, für andere Lichtbahnen zu erzeugen, die ihnen helfen, den Weg zu finden. Geehrt und geachtet bist du für deinen Dienst hier auf der Erde.

So lasst uns gemeinsam weiter überlegen, wie wir der Erde noch stärker behilflich sein können, sich sanft zu häuten. Denn darum geht es in dieser Zeit. Wenn wir von einem Polsprung ausgehen, das solltet ihr tun, dann ist die Frage, die viele bewegt: „Wie wird er vonstattengehen?“ Ich habe einige Polsprünge auf diesem Planeten erlebt. Ich bin jedes Mal gegangen, habe die Erde verlassen, um dann später beim Neuanfang wieder dabei zu sein. Jetzt besteht die wunderbare Chance, alles ganz anders zu tun, weil die Menschheit so erwacht ist, wie nie zuvor. Viele alte Meister sind inkarniert, viele alte Seelen wollen jetzt ihren Abschluss machen. Dadurch ist viel Lichtarbeit geschehen. Die Vernetzungen des Lichtes gehen weiter und weiter. Das große Kristalline Gitter der Erde, das des Erleuchtungsbewusstseins, wird deutlich stärker. Das bedeutet, dass ein sanftes Gleiten der Erde in ihre neue Position möglich ist. Freuen wir uns auf dieses wunderbare Schauspiel. Seid frohen Mutes und macht weiter, euch mehr und mehr zu verlichten. Helft anderen dabei, indem ihr offenen Herzens seid und sie mit liebevollen Augen betrachtet und nicht bewertet. Nur die Liebe hat die Kraft des Einen, der alles erschuf.

Ich bin Jeshua und danke dir für deine Aufmerksamkeit.

Maria Magdalena spricht

Ich bin Maria Magdalena. Ich bin in großer Dankbarkeit zu euch gekommen. Dankbarkeit für euch und das, was ihr seid. Ihr seid die Schöpferwesen, die halfen, aus der Erde das zu machen, was sie jetzt ist. Du wirst vielleicht den Kopf schütteln und sagen: „So wie es jetzt ist, ist es nicht gut. Die Erde hat von uns viel Schlechtes erfahren. Wir müssen ihr helfen. Wir sind in ihrer Schuld." Nein, ich möchte dir vermitteln, dass die Erde heil ist, so wie du heil bist. Niemand ist un-heilig. Ihr seht dies alles nur mit den irdischen Augen. Natürlich ist viel Missbrauch mit der dreidimensionalen Erde geschehen. Der Mensch hat mit seinem Wissen, gepaart mit einer großen Portion Neugier, das getan, was er meinte, was zu tun ist. Er hat experimentiert und dabei die Neugierde überhand werden lassen. Er dachte auch an seine Familie, sein Ansehen, an andere eigene Vorteile, oder er handelte mit der Idee einer Weltverbesserung. Alle Erfindungen sind letztlich dual. Sie haben eine gute und eine schlechte Seite. Meinst du nicht auch? Du bewertest auch die Erde, die dreidimensionale. Du lässt dir von den Wissenschaftlern erklären, es sähe schlecht mit der Erde aus. Ja, es sieht so aus, da gebe ich den Skeptikern und den Richtenden recht. Aber es ist der äußere Schein. Es ist das, was ihr mit dem dualistischen Bein, wie KRYON es gern nennt, seht und fühlt. Wenn ihr die Erde aus einer Höheren Sicht betrachtet, seht ihr Heiligkeit, ihr seht Achtung und Ehre vor den Menschen. Gaia liebt euch, wie eine Mutter ein Kind liebt, egal womit es gespielt hat. Und auch wenn es anderen die Schuld gibt, wie es Kinder gern in der Sandkiste beim Spielen tun. Keiner gesteht gern sogenannte Fehler ein, weil er eine eigene Sicht der Sache hatte, seine eigene Wahrheit. Niemand handelt grundsätzlich falsch. Er hat seine Wahrheit, und die ist nicht die von anderen. Wenn du dir diese Weisheit, die sehr mütterlich ist, tiefer anschaust, dann siehst du dich und alle anderen mit einer anderen Brille. Die Erde liebt euch alle. Niemand ist ausgenommen.

Die Erde hat die Kraft, sich selbst zu regenerieren. Sie wird es tun. Sie ist bereits dabei. Es ist an den Menschen, sich zu entscheiden, welche Schritte sie jetzt tun wollen, um diese Weisheit zu verstehen. Jeder Mensch hat die Möglichkeit, sich zu zentrieren, die Liebe in sich selbst zu aktivieren, sie auszustrahlen und zu leben. Jeder Mensch hat die Chance, jetzt sofort sein Leben zu ändern und helfend und voller Akzeptanz für die Aktivitäten der Erde zu sein. Der helfende Weg und der wahre Weg ist, zu verstehen und sich in die klärende Energie mit einzubringen. Es ist wie auf einem Surfbrett. Surfe mit in diesem Reinigungsprozess der Erde, werte nicht, zaudere nicht aufgrund von Wetterkapriolen und Naturkatastrophen. Sieh in allem die Chance, auch dein Leben, ob du direkt betroffen oder nur energetisch dabei bist, zu transformieren und vielleicht dein Leben völlig zu überdenken und die Erkenntnisse umzusetzen. Denn wisse, niemand von den jetzt inkarnierten Menschen lebt zufällig in einem Krisengebiet. Niemand erfährt zufällig von bestimmten Vorkommnissen. Es ist gewollt, von dir, der Erde und deinem Höheren Sein. Wenn du dies verstehst, wirst du das Leben hier und jetzt anders sehen und entsprechend deiner eigenen Wahrheit bewusst leben. KRYON pflegt zu sagen: Du bist immer zur richtigen Zeit am richtigen Platz, deinem Sweet Spot.

Du möchtest mehr über meinen Weg des Aufstieges wissen? Ich habe das, was ich eben beschrieb selbst auf eine bestimmte für mich und Jeshua vorgesehene Art erlebt.

Wenn du davon ausgehst, dass die Leben, die wir erleben, nicht linear ablaufen, verstehst du auch, dass es jedes Mal wieder eine Herausforderung ist, sich dem Leben hinzugeben. So hatte ich in der Zeit vor zweitausend Jahren ein bestimmtes Frauenbild zu leben, wie es damals war. Das heißt, ich war eine Priesterin, das war ich schon in anderen Leben gewesen. Aber ich war eben auch einem bestimmten Frauenbild unterworfen. Ich musste mich unterordnen. Meine Zeit mit den Jüngern Jesu war nicht einfach. Meine Zeit mit ihm als Ehefrau war den Gepflogenheiten dieser Ära in einer jüdischen Königsfamilie unterworfen. Ich stamme, wie Jeshua, aus einer Familie, die wohlhabend und von blauem Blute war. Wir waren auserwählt, König Davids Rolle fortzusetzen. Wir waren wie eine Prinzengemeinschaft zu verstehen. Vieles von dem, was man euch überliefert, ist nicht korrekt. Es ist nicht nur bewusst verändert, sondern auch falsch verstanden worden. Das, was überliefert ist, ist zum Teil kodiert. So entstanden Missverständnisse, wie die Sache mit den Fischern, mit dem Brot und dem Wein. Die Kreuzigung ging nicht mit dem Tod von Jeshua zu Ende. Das Leben, unser Leben ging weiter. Es war eine sehr harte Zeit. Ich war als Isispriesterin, das war sehr gut für mich, eingeweiht in Techniken der Entspannung, der Heilung, der mystischen sexuellen Praktiken und Ähnlichem. So konnte ich, konnten wir beide, unserem Leben auch einen anderen Rahmen geben, der für Außenstehende nicht zu erkennen war. Wir sprachen oft nicht in Worten, sondern begegneten uns in unseren astralen Körpern. Wir agierten gleichzeitig auf zwei Ebenen und waren uns dessen bewusst. Das brachte auch mit sich, dass wir viele Geschehnisse voraussahen. Auch die Kreuzigung. Doch es war uns nicht gestattet, aus unserem Priesterdasein und auch der geistigen Anbindung heraus, dies zu manipulieren. Der Weg war geebnet, diese

Möglichkeit, der Kreuzigung zu entgehen, war nicht vorgesehen. Durch die vielen Mitwirkenden und ihre Taten und deren Folgen waren geschichtstätige Linien gelegt worden, die wichtig waren. Unser Weg ging weiter, nachdem Jeshua vom Kreuze genommen wurde. Es war auch nicht so, wie es überliefert ist, sondern Simon und ein paar Helfer haben den eigentlich gewollten Ablauf des Kreuzigungstodes verändert und abgemildert. Uns persönlich ging es nicht so gut in dieser Art des Versteckspielens, war unsere Mission doch dadurch etwas verändert und nicht mehr öffentlich. Wir gingen für eine Zeit einen versteckten Weg.

Jeshua und ich waren ein großes Liebespaar, so würdet ihr es heute nennen. Wir hatten Kinder und haben damit auch die Linie Davids aufrechterhalten. Unsere Ahnen lebten in verschiedenen europäischen Ländern und so manche bekannte Gruppe, die sich im Namen Gottes zusammentat, ist mit unserer Blutlinie verbunden. Die Kraft, die wir beide durch unsere hohe Entwicklung in der Priesterschaft und unsere Initiationen, auch durch eben diese Inkarnationen prägten, legte eine große Lichtlinie in der Blutlinie, die weitergetragen wurde und wichtig war für die Entwicklung der Menschen. Was immer sie auch daraus letztlich gemacht haben, welche Erkenntnisse sie daraus zogen: Veränderungen wurden in die Dunkelheit der Menschheit gebracht.

Ich persönlich war sehr herausgefordert, als Jeshua sich, um sich zu entwickeln, von seiner höheren Ebene aufgefordert wurde, seinen Weg bei östlichen Meistern fortzusetzen. Ich hatte mit Maria und einigen inneren Helfern die Aufgabe, die Familie zu schützen und mich und die Kinder in Sicherheit zu bringen. Unsere Tage im Heiligen Land waren gezählt. Wir waren dort nicht mehr sicher und mussten weiterziehen. Jeshua und ich waren im ätherischen Bereich weiterhin eng verbunden. Stell dir vor, das ist so, als würdest du dich mit deinem Partner über eine Internetverbindung ständig austauschen, allerdings mit dem Unterschied, dass wir uns auch fühlen konnten. Sogar sehr intensiv, stärker, als wenn physische Körper sich berühren. So waren wir eigentlich nicht getrennt. Jeshua und ich hatten viele Dinge zu besprechen, so teilte ich doch seine Entwicklung. Sie war nicht nur für ihn bestimmt. Wir hatten eine wahre heilige Liebesverbindung. Es war so, als wären wir eins. Was wir letztlich auch waren und sind. Wir entstammten einer Seelengruppe. Wir teilten unser Höheres Selbst. Hier in diesen Welten, in denen wir uns jetzt aufhalten, haben wir die Möglichkeit bekommen, uns eigenständig weiterzuentwickeln. Wir sind mit dem Höheren Selbst verbunden, dennoch agieren wir als ein neues Ganzes. Diese beiden Ganzen sind sich sehr nahe und agieren in Zusammenarbeit mit dem Höheren Sein über dem Höheren Selbst. Vielleicht muss ich erklären, dass es möglich ist, sich aus dem Höheren Selbst heraus auch eigenständig zu entwickeln. Es ist wie eine Blase, die sich aus einer großen Blase löst, um dennoch mit der noch höheren Blase wieder eins zu sein. Wir sind zwei losgelöste Blasen, Jeshua und ich, und agieren in Zusammenarbeit mit unserem weiteren Höheren Sein. Denke ein bisschen darüber nach. Ihr habt auch so ein Wesen, das ihr sehr schätzt. Saint Germain ist einen ähnlichen Weg gegangen.

Wir möchten dir noch vermitteln, dass es nichts gibt, was nicht möglich wäre in den höheren Welten. Du entscheidest, wie dein Weg weitergeht. Wie du lernen und lehren möchtest, ob du gern eng vereint mit anderen Seelenanteilen weiterziehen möchtest oder individuell deinen Weg planen willst. Es ist alles möglich. So bitte ich dich jetzt, deine Augen zu schließen und dich intensiv mit mir zu verbinden. Wie in allen Begegnungen dieser Art bin ich gekommen, um dir behilflich zu sein. Ich bin aufgestiegen in dieser Inkarnation mit Jeshua, daran möchte ich dich jetzt gefühlsmäßig teilhaben lassen. Stell dich jetzt ganz auf mich ein und fühle. Ich bin in dem hohen Alter von 78 Jahren in den Armen meiner Kinder entschlafen. Jeshua war zu dem Zeitpunkt nicht physisch anwesend. Ich ging einfach mit meinem Körper in das Licht. Es war nicht menschlich geplant gewesen, wie du es dir vielleicht vorstellst. Ich spürte plötzlich das große starke Licht sich in mir ausbreiten. Ich hatte den Tag ganz normal im Kreise meiner Lieben verbracht. Wir wohnten in einer größeren Gemeinschaft. Ich spürte schon den ganzen Tag, etwas ist anders als sonst. Und als ich mich dem Mond zuwandte, spürte ich eine große Kraft, viel helles Licht, das mich durchströmte. Ich hatte das Bedürfnis, mich hinzulegen und zu ruhen. Ich fühlte mich sehr müde, aber dennoch war ich wach. Mein Körper füllte sich mit Licht und löste sich plötzlich in Licht auf. Ich sehe heute noch das Erstaunen in den Gesichtern der Lieben. Ich löste mich vor ihren Augen auf und ging ins Licht. Für mich war es, wie erwähnt, überraschend. Ich war nicht vorbereitet.

Heute ist der Weg des Aufstiegs ein anderer. Ihr seid dabei, mit der Erde in höhere Ebenen zu schreiten. Ihr passt euch den Schwingungen der höheren Erde an. Vergiss nicht, die Erde hatte immer eine höhere Dimension, so wie du. Ihr geht nun vereint in höhere Schwingungen. Das ist ein schleichender Prozess, nicht, was wie bei uns damals, plötzlich geschieht. Sanft ziehst du das Licht, dein höheres Sein in deinen Körper durch viele Erkenntnisse, durch Veränderungen deines Lebens, durch neue Einsichten und vielleicht auch durch Übungen, in dein irdisches Körpersystem. Du veränderst dich kontinuierlich, stetig, oft unbemerkt. Du hast sicher körperliche Veränderungen in Form von Unpässlichkeiten, muss doch dein Körper alte Speicherungen loslassen.

Sanft setzt du deine Füße, erst einen auf das andere Ufer oder über die Brücke, wie deine geistigen Freunde es oft sagen. Stück für Stück begibst du dich auf das Neuland. So verrückt es auch klingen mag: Du bist der Pionier, der das Neuland erschafft. Du kreierst dir deine höhere Dimension und passt dich mit deinen Ideen, wie dies wohl sein wird, den Gegebenheiten der höheren Ebenen an. So hat jeder Mensch, der sich jetzt auf den Weg begibt, seine eigenen Erfahrungen mit den höheren Ebenen, nichts ist identisch, weil es individuell geschieht. Wir warnen deshalb auch ein bisschen davor, nach links und nach rechts zu schauen, wie andere ihren Weg gehen.

Dieser Weg ist für jeden von euch so, wie ihr lebt. Wenn du wissenschaftlich interessiert bist, wirst du wohl den männlichen Weg, den des Verstandes in Verbindung mit der höheren mentalen Ebene gehen.

Wenn du den Weg deines Herzens gehst, dann gehst du den weiblichen Weg. Ich persönlich unterstütze alle Menschen. Ich werte nicht. Jeder muss wissen, und ist sicherlich auch aus anderen Leben geprägt, wie er die höheren Ebenen erreichen möchte. Doch lasst mich euch sagen, und das wird hier in diesem Buch auch vielfach erklärt; es ist leichter, jetzt hier den Weg des Herzens, den weiblichen Pfad zu beschreiten. Es ist nicht vom Wissen abhängig. Du könntest völlig ungebildet im Sinne von Wissen sein, der Weg steht dir dennoch offen. Du wirst nicht gemessen daran, was du über die Schöpferkraft weißt oder was es mit der Blume des Lebens auf sich hat. Du gehst lediglich in dein Herz und lässt dich von dort aus führen. Du gehst über die Intuition, die dich auch die Eigenliebe lehrt und fühlen lässt. Das wiederum bringt dich in das Mitgefühl für alles, was ist. Wenn du dein Herz weit geöffnet hast, dann bist du frei. Frei von Wertungen, frei von Unterscheidungen, frei von Zweifeln.

Du weißt immer, was zu tun ist, weil du im Vertrauen bist, dass dein Herz, dein Höheres Sein, weiß, was gut für dich und andere ist. Ist das nicht wundervoll?

Nun ist auch dieser Weg nicht nur Honigschlecken, das hast du sicher schon bemerkt. Wie du trotzdem gut durch die nächste Zeit kommst, erfährst du ja in diesem Buch und sicherlich auch in anderen Informationsquellen, die sich mit diesem Thema befassen.

Ich hatte meine große Liebe als Hilfe für meinen Weg. Obwohl es oft nicht leicht war, nicht traurig oder verzweifelt zu sein. Ich hatte große Hilfe durch die Göttliche Mutter, in diesem Falle die Kraft der Isis, die die Göttliche Mutter repräsentierte und mir immer half, die richtigen Schritte zu tun oder mich in Geduld zu üben.

Ich kann dir auch empfehlen, dich dieser weiblichen Kraft der Schöpfung zu öffnen. Vielleicht magst du jetzt dieses Buch einen Moment beiseitelegen und dich, wie immer du dies auch tust, mit der Göttlichen Mutter verbinden. Denk einfach an diese Instanz, diese Kraft und erlaube ihr, dich zu durchströmen. Wann immer du nicht weiterweißt, verbinde dich und bitte auch gern um Führung. So wird es sein. Spüre diese Süße, diese Leichtigkeit und das Getragensein, diese Qualität der weiblichen Schöpfung, die jetzt hier die Führung für die Erde übernommen hat.

Aus den höheren Reichen des Seins grüße ich dich von Herzen.

Ich bin Maria Magdalena.

Saint Germain spricht

Was ist ein Meister? Das ist eine gute Frage, nicht wahr? Seid mir gegrüßt aus einer höheren Ebene des Seins. Dem Feld des Luxus, den du dir so gern wünschst. Luxus ist ein umfassender Begriff. Ich meine die Dinge, die dir so lieb und teuer sind. Von denen du meinst, dass sie dein Leben erfreuen, erweitern und samtig pflastern können. Ich bin Saint Germain, sage Gott zum Gruße und mache eine tiefe Verbeugung vor deinem Sein, vor dem, was du wirklich bist. Bist du dir deiner Größe bewusst, Meister? Nein, bist du nicht. Deshalb flüstere ich es dir zu, damit du es nun langsam glaubst. Wir wissen hier, dass du deiner zauderst, und dass du dich klein machst. Oft auch nicht für andere sichtbar. Vielleicht stehst du deinen Mann oder deine Frau im Beruf, sodass alle sagen: „Du bist taff, du bist stark, und du machst alles mit links." Dein wahres Gesicht dokumentiert zeitweilig etwas anders, nicht wahr? Aber lassen wir das besser, was meinst du? Ich möchte dich nicht beleidigen, dir vorwerfen, du hättest viele Gesichter. Obwohl, lass mich dir sagen, ich kenne das nur zu gut. Ich weiß, wie man schwindelt, lügt, dass sich die Balken biegen. So sehr, dass ich es zum Schluss selbst geglaubt habe. Ich war, wie du sagen würdest, ein Münchhausen, ein Casanova und auch ein Eroberer von Amerika. Oh, das war ich vielleicht wirklich in einem Leben. Nun, ich will damit sagen, mir ist nichts fremd, was diese Erde anbelangt und ihren Lehrplan. Gewiss, ihr habt jetzt eine andere Ära, meine war sehr viel schwerfälliger, tiefdimensionaler und hatte wenige Lichtblicke im Sinne von geistigen Kräften, die man anzapfen konnte. Der Weg war, wie bei vielen meinesgleichen auch, sehr schwer, sehr zäh und langwierig. Dennoch genoss ich diese Zeit, wie ich all das Leid und die Liebe genossen habe. Ich konnte vieles mit einer tiefen Leidenschaft leben. Ob traurig oder voller Freude, ich war es ganz, nicht nur ein bisschen. Ihr würdet es heute bestimmten Sternzeichen und deren Qualitäten zuordnen.

Wie mein Weg war, möchtest du wissen? Steinig und dennoch lichtvoll. Ich hatte einen guten geistigen Lehrer, der mir in anderen Inkarnationen noch leiblich begegnete. Ich war ein Schüler von Konfuzius. Ein wahrlich strenger Lehrer. Eine Mentalität, die ich nicht so gut kannte oder besser gesagt, leben wollte. Ich liebte die Exzesse, wollte ich doch hier auf der Erde alles ganz auskosten. Konfuzius lehrte mich die Stille, das Abwägen, die Geduld, die Ruhe und Gelassenheit. Er zeigte mir viele Dinge in der Natur, die ich vorher nicht gesehen hatte. Sie blieben mir verborgen, weil ich nicht die Muße hatte, mir Zeit zu nehmen, um ihre Wunder kennenzulernen. Er lehrte mich auch, die weibliche Seite einer jeden Sache zu sehen. Er zeigte mir, wie ich die kosmischen Gesetze einzusetzen hatte. Und das wirklich in jedem Wesen alles so ist, wie alles andere auch ist. Das Kleine im Kleinen wie das Große im Großen. Alles ist eins. Nichts ist anders und steht für sich allein. Ich staunte oft sehr, wie einfach doch letztlich alles komponiert ist. Ich lernte von ihm die höhere Musik kennen. Ich war in einigen Leben der Musik sehr kundig, aber mir fehlte das wahre Lauschen, die Tiefe der musikalischen Schwingungen, die Farben, die die Musik ausdrückte. Ich sah bei jedem Ton, jeder Oktave sich blumige Weisen entwickeln, die ich lernte, zu Papier zu bringen. So entstanden wundervolle Werke.

Er lehrte mich auch, dieses für mich zu behalten, damit schulte er meine Eitelkeit. Welche mir befohlen hatte, alle Welt müsse meine wunderbaren Kreationen bewundern.

Ich muss lächeln, wenn ich an diese Zeit denke. Es ist sehr intensiv gewesen, viele Entbehrungen musste ich auch hinnehmen. Hast du schon einmal auf einem harten Brett geschlafen und mit den Mäusen einen Raum geteilt? Ich lernte von ihnen eine bestimmte Art zu leben, zu genießen, zu spüren. Mäuse sind sehr spielerisch in ihrem Sein, sehr familiär und sehr treue Wesen. So viele Dinge wurden mir geschenkt. So wie dir auch. Nur konnte ich sie, wie du heute auch, nicht als Geschenke wahrnehmen.

Meine außerkörperlichen Erfahrungen waren große Offenbarungen für mich. Ich lernte unter Anleitung eines herrlichen Meisters, einem Kumara von der Venus, die verschiedenen geistigen Ebenen zu erkunden. Auch lernte ich, wie ich meinen Körper leicht verlassen konnte, und wie ich es schaffte, nicht abzugleiten in die Raumebene. Und auch alles zu behalten, was ich sah und fühlte, um es hier zu verarbeiten und auch zu Papier zu bringen. Ich lernte eben mit den Augen meines astralen Körpers zu sehen. Ich konnte später diesen Körper ablegen, um mentale Ebenen zu erkunden. Das erlaubte es mir, noch andere Welten zu erobern, Wesen zu besuchen, die anders leben, teils menschlich, teils andersartig und dennoch beseelte Wesen sind wie wir. Es würde viele Bücher füllen, wenn ich darüber berichten würde. Vielleicht hast du Lust, mit mir Verbindung aufzunehmen, ich erzähle dir gern mehr von all diesen wunderbaren Welten des physischen Universums. Noch weitere Ebenen wurden mir Stück für Stück zugänglich. Ich besuchte viele geistige Tempel, in denen die Aufgestiegenen Meister wohnen und lehren. Jetzt bin ich einer von Ihnen. Die Prüfungen, die ich auf irdischer und geistiger Ebene durchlief, waren teilweise sehr schwer zu verstehen. Meine menschliche Logik hätte viele erwartete Antworten dieser Prüfungen anders bewältigen wollen. Es bedarf eben dieser Qualitäten, die Konfuzius mich lehrte, diese Ruhe und Gelassenheit, um diese Reifeprüfungen zu bestehen.

Es war auch wichtig, sich dem Höheren Sein anzuvertrauen. Meine Persönlichkeit wollte andere Wege gehen. Ich lernte, dem Höheren Sein zu vertrauen, nicht so viel zu fragen, sondern einfach zu verstehen, „es" weiß so viel, was ich mit dem irdischen Verstand nicht wissen kann, weil es mir nicht zugänglich ist. Der Verstand dient hier auf der Erde sicher jedem Menschen, doch auf den anderen Ebenen und auf dem Weg der Reife ist er eher hinderlich. Diese Verbindung des niederen Verstandes mit dem Höheren Geist, dem Heiligen Geist, der sich im hinteren Teil des Gehirns befindet, in Verbindung mit dem Aufstiegschakra, der *Medulla oblongata*, macht es möglich, den hellen, lichten Pfad des Geistes der eigenen Göttlichkeit zu öffnen. Meine erste Erfahrung mit meinem Höheren Sein war atemberaubend. Es hat sich mir äußerlich dargestellt. Es erschien in einem leichten Nebel, als ich gerade wissenschaftliche Experimente mit dem Licht machte. Ich wollte eigene Wege gehen, um Gott zu verstehen. Es stand da, in einem sanften Schein und lächelte mich einfach an. Es war in einem wunderbaren Gewand erschienen, das weder Mann noch Frau ausdrückte. Es war einfach nur wundervoll anzuschauen. Es sprach zu mir: „Lass los, du findest das tiefere und höhere Licht in dir, nicht in diesem Experiment. Schließe deine Augen und lass mich dir zeigen, wie du mich findest." Wir machten eine kurze Reise zur Venus, wo ich auch einen meiner geistigen Führer kennenlernen durfte. Das war der Beginn eines völlig anderen Lebens.

Alsdann habe ich mich ganz in die Führung meines Höheren Seins begeben. Viele Bücher legte ich beiseite, Experimente machte ich nur noch mit „Es" zusammen. Irgendwann, nach langer Erdenzeit, fand eine tiefere Vermählung mit meinem Höheren Sein statt. Ich spürte, ich war nicht mehr nur ich. Meine Gedanken und Gefühle, die mich sonst oft durchströmten, waren andere, leichtere, wonnigere, ich war nicht mehr ich, das Ich, was ich meinte zu sein. Unsere Vermählung war eine fortlaufende Entwicklung, die mehrere Leben in Anspruch nahm. Dann war ich so sehr verlichtet und hatte viele Aufgaben zum Wohle aller ausgeführt. Eines Nachts lud man mich zu einer besonderen Schulung ein. Ich dachte, es ginge wieder um neue Lernaufgaben. Aber es war eine andere, eine sehr heilige Sache, die ich erleben sollte. Ich war einer von denen, die nun ins große Licht aufsteigen konnten. Es war eine wunderbare Zeremonie, an deren Ende ich mich völlig von der Erde löste. Mein Sein war nur noch Licht.

So lebe ich hier in meiner von mir gewählten Lichtstätte in den Karpaten, das ist wohl bekannt. Meine Aufgabe ist es, Europa zu betreuen und wie damals als Graf Saint Germain, die Menschen wahrlich global zu vernetzen. Eine wundervolle Aufgabe. Wenn du mehr darüber wissen möchtest, richte dein Wort an mich.

Dein Aufstieg ist anders. Er geschieht mit der Erde zusammen. Ihr habt viele Dinge innerhalb des täglichen Lebens zu klären. Du wähltest in diesem Leben keinen leichten Weg. Dennoch kann er leicht sein, wenn du dich deinem Höheren Sein und den vielen Aufgestiegenen Meistern und Engelwesen, die jetzt die Erde bei ihrem Weg unterstützen, anvertraust. Sei frei und fliege! Lass dich nicht von irdischen, alltäglichen Dingen um deinen wunderbaren Weg des Pfades bringen. Die Laternen leuchten, du kannst keine falsche Abzweigung nehmen. Es ist ein besonderes Licht, das dir leuchtet, unterlegt mit großer Göttlicher Gnade und Kraft.

Sodann, lass dir helfen bei der Transformation, die dich jetzt begleitet. Wer sagt, dass Meister nicht Hilfe annehmen dürfen? Lass dir helfen, deine Hautschichten der Dualität abzustreifen, deine falsche Scham abzulegen und dein Herz freizuschaufeln. Viel Blut, viele Steine säumten deinen Weg. Diese Schmach, dieses Leid brauchst du nicht mehr. Lass es los. Worauf wartest du, Meister? Deine alchemistischen Prozesse machen dich zu einem noch größeren Meister. Wir treffen uns bald, nicht auf Wolke sieben, sondern in einer der großen Lichtstätten, wenn du deine Krone bekommst, die dich zu einem der Unsrigen macht.

Gott zum Gruße,
Ich bin Saint Germain.

Konfuzius spricht

Als Freund der Menschheit bin ich seit Jahren dabei, Seelen in ihrer Entwicklung zu unterstützen, weil ich diesen Weg des Erwachens nur zu gut kenne. Ich bin Konfuzius. Man ordnet mich der östlichen Mystik zu. Man bringt mich auch mit einer bestimmten Religion in Verbindung. Doch ich bin ungebunden und frei, das war ich eigentlich zu meinen Lebzeiten auch. Schreiber, die meinen, mein Leben und mein Werk zu kennen, haben ihre persönlichen Empfindungen mit in die Werke eingebracht. Alles, was jemand niederschreibt, ist persönlich gefärbt. Es sei denn, er begibt sich ganz in die Kraft seines Höheren Selbstes, lässt sich führen und die wahren Hintergründe durchkommen. Aber das taten und tun auch hier nur wenige Menschen, die sich berufen fühlen, eine von ihnen als Weisheit empfundene Erkenntnis weiterzugeben. Es mag ihre Kenntnis sein, ihre eigene, unterlegt mit ureigenen Erfahrungen. So gerät ein solches Menschenkind sehr schnell in eine Bewertung, in Zuordnungen von scheinbaren Begebenheiten. Eine Logik setzt ein, man ergänzt Dinge, die vielleicht so sein können, aber nicht gewiss sind. So entstehen neue Beschreibungen von Erlebnissen der Menschen und ihren Schritten. Aber der Wahrheit entsprechen sie nicht. So solltest du jedes Buch, das du liest, mit dem Herzen erforschen, ob es für dich gut ist und es auch wirklich eine Weisheit ist oder nur eine zusammengesetzte Meinung eines Suchenden. Wahre Weisheit ist im eigenen Herzen zu finden und nicht im Außen. Wann immer dir jemand einen Rat gibt, so kannst du gewiss sein, sein Weg, seine eigene Vergangenheit ist mit darin verwoben. Woher sollte er sonst eine Meinung zu einem Rat haben? Denn er kann doch nicht tief in dich hineinschauen, um zu erkennen, wo deine Wege hingehen, welche Erfahrungen du gerade machst und wozu sie dir dienen. Deine Wahrheit ist nicht unbedingt die eines anderen. Wie sollte es auch so sein? Darum hüte dich vor gut gemeinten Ratschlägen, wenn du in einer Krise bist. Rückzug ist dann das weise Mittel gegen alle Schmerzen und sogenannten Schicksalsschläge. Nur tief im Inneren findest du den Weg der Weisheit. Dieses Buch ist unter anderem gefüllt mit Weisheiten von höheren Wesen, die ihren Aufstieg ins Licht, in den Bereich, den sie bisher erreichen konnten, gegangen sind. Das bedeutet nicht, dass wir unfehlbar sind und alles, was hier steht, was du mit deinem niederen und höheren Verstand annehmen und dessen Energie du fühlen kannst, auch für dich praktikabel ist. Es sind Werkzeuge, die wir dir aufzeigen. Sie sind für alle Menschen eine Hilfe auf ihrem jetzigen Weg. Nur, ob eines dieser Werkzeuge gerade in deine Situation passt, musst du selbst mit deinem Herzen prüfen.

Nur deine eigene Instanz weiß den wahren Weg. Man nennt es Weisheit. Weisheit ist der Kern deines Seins. Letztlich ist es dein Göttliches Fenster, das du öffnest, wenn du auf der Suche nach dieser Weisheit bist. Das Fenster zum Glück liegt in dem Ziel deiner Suche, dem Höheren Sein. Alles, was du bekommst, wenn du in dieses offene Fenster hinein fragst, vielleicht zaghaft, manchmal auch verzweifelt, weil du in einer menschlichen Notlage bist, entspricht deiner eigenen Göttlichen Weisheit. Manchmal ist es schwierig, dies anzunehmen, weil diese Erkenntnisse, die Wegweiser und Empfehlungen in Form von Eingebungen oder plötzlichen Begebenheiten oft nicht ganzheitlich von dir verstanden werden. Weil dein Ego dir vielleicht einen logischeren Weg für eine Findung der Weisheit anbietet, die einfacher und leichter zu erreichen scheint. Nehmen wir das Beispiel, dass du dich über einen Kollegen ärgerst. Deine tiefe Weisheit, deine innere Stimme weiß, warum ihr euch nicht versteht, welche Vergangenheit ihr vielleicht gemeinsam habt, oder welche Themen hier gegenseitig gespiegelt werden. Dein Ego will dir weismachen, dass du besser bist und dass diese Schmach geklärt sein muss und mit einem Gegenschlag gut ausgeglichen ist. Mit Gedanken aus deinem Mentalkörper, die mit ähnlichen Situationen zu tun haben, gewappnet, stürzt du dich vielleicht in eine Schlacht, indem du kleine Gemeinheiten oder deftige Worte oder eine andere Art des Gegenzuges einsetzt. Damit gibst du der Angelegenheit neuen Zunder, neues Feuer, sodass wahrscheinlich kein Ende in Sicht ist. Vielleicht gibt einer von euch irgendwann auf, weil er es leid ist. Die Sache hat sich beruhigt und ist in eine Schublade abgelegt, aber nicht geklärt. Deine innere Stimme, deine Weisheit, deine eigene Göttlichkeit kennt die wahre Ursache der auftretenden Schwingungen, sieht die Resonanz und rät zu anderen Möglichkeiten des Beilegens. Vielleicht ein Gespräch bei einem Kaffee in einer entspannten Umgebung, vielleicht bei einem Glas Wein nach Feierabend, vielleicht bei einer sportlichen Aktivität der Firma. Meist gelingt eine Klärung durch den Blick in die Augen, durch eine Körpersprache, die Milde und Verständnis ausdrückt. Es bewirkt die Bereitschaft, den kleinen Krieg beizulegen beziehungsweise sich auszusprechen. Auch ein Kontakt von Herz zu Herz, ganz bewusst eingesetzt, wirkt oft Wunder. Dies ist nur ein Beispiel, damit möchte ich dir sagen: Du bist der Herr deines Feldes, deines Seins und niemand kann für dich entscheiden. Diese Aussage mag dir durchaus bewusst sein, aber möglicherweise hast du sie dann bei den entsprechenden Gelegenheiten, auch in der Familie, wo es nicht immer so leicht zu klären ist, nicht eingesetzt. Du bist nicht nach innen gegangen, sondern hast dich wie immer verhalten, stimmts? Betrachte einmal deine letzten Streitigkeiten und Missstimmungen mit anderen. Woher kamen sie, zu welchem Anlass und wie sind sie entstanden? Auch im Nachhinein ist es gut, sich damit zu befassen. Klärung auf allen Ebenen ist das Ziel eines Aufsteigenden. Du kannst diese Dinge nicht mitnehmen, denn sie sind wie Sand im Getriebe und hindern den goldenen Fluss des höheren Lichtes in alle deine Zellen zu gelangen. Das ist doch dein Ziel, oder?

Ich bin dafür bekannt gewesen, zu allen Zeiten meiner Verkörperung, auch als ich noch frisch hier auf der Erde war, dass mir Weisheit zu eigen war. Das hängt mit meiner Signatur zusammen. Im Universum, aus dem ich komme, ist das Motto: Klarheit des Seins. Diese Klarheit hab ich hier zu allen Zeiten versucht durchzubringen, für mich in Anspruch zu nehmen und damit hier auf der Ebene der tieferen Materie das Leben leichter und auch effektiver zu leben. Überlege dir jetzt einmal in Ruhe, was Klarheit in deinem Leben bedeutet. Was ist für dich Klarheit und wie fühlt sich diese Qualität an? Wie ist Klarheit in deinem Körper fühlbar?

Zu meinen späteren Lebzeiten habe ich mich als Lehrer verdingt, ganz bewusst, auch für alle nach außen sichtbar, weil ich helfen wollte, die Klarheit allen Suchenden, die zu mir kamen, ans Herz zu legen. Diese Klarheit war auch mit äußerlichen, täglichen Ritualen verbunden. Qualitäten, um in die Klarheit zu kommen, sind Stille und Ruhe zu bestimmen Zeiten des Tages. Gedankenkontrolle ist eine sehr wichtige Qualität und der Blick ins Herz des anderen und natürlich auch in das eigene. Weitere Dinge des täglichen Lebens waren und sind Disziplin, Ordnung und Achtsamkeit in den täglichen Dingen, die man im Leben benutzt, um die Alltagsbedürfnisse zu befriedigen und es vielleicht etwas komfortabler zu haben. Letztlich war eines der Hauptqualitäten meiner Schulung, zu erkennen, man braucht wenig zum Leben auf diesem Planeten. Je weniger man im täglichen Sein bearbeiten, hüten und pflegen muss, umso mehr Zeit hat man für die eigene Entwicklung. So ebnet man den Weg in die Klarheit. Viel Mobiliar und viel Dekor lenken vom wahren Leben ab. Das hast du sicher auch schon festgestellt. So empfahl ich meinen Schülern ein Leben in Einfachheit.

Das bedeutete, einen kleinen Raum für sich zu haben, mit Stühlen und einer Bettstatt. Die Kleidung war sehr einfach gehalten, gute Qualität der Stoffe, ein wenig zum Wechseln und gutes Schuhwerk, wenn man außer Haus geht. Je weniger Mobiliar ein Raum oder ein Haus haben, desto weniger wird der Suchende abgelenkt. Das gilt auch für die heutige Zeit. Viele Dinge kauft der Mensch, die Staubfänger und nicht von großem Nutzen sind. Sie lenken die Gedanken in eine andere Richtung, die nicht viel mit Klarheit zu tun hat. Was meinst du? Die Mahlzeiten unserer Gemeinde waren eher einfach. Wir lebten von Reis und Gemüse, frischem Wasser, ein wenig Obst, all das, was die Natur hergibt. Mehr war und ist nicht notwendig. Der Zusammenhang zwischen der Suche nach der Klarheit, der eigenen Wahrheit und der guten und leichten Ernährung ist offensichtlich. Wer sich leicht und gesund ernährt, weniger ist da auch mehr, der ist in seinem Körper klar und rein, verdaut auch äußere Kost gut und der Weg in die eigene Tiefe ist nicht mit Unnötigem versperrt.

So habe ich meine Schüler langsam aber stetig auf den Weg in das eigene Licht geführt. Vieles von dem, was ich damals lehrte, ist heute nicht mehr nötig. Du musst dich nicht mit der Göttlichen Geometrie beschäftigen oder die Astronomie und Astrologie studieren, um den Kosmos zu verstehen. Diese neue Zeit des Wandels stellt hohe Energie zur Verfügung, viele geistige Helfer und eine große Kraft der weiblichen Göttlichen Gnade, die wie eine Generalamnestie wirkt. Ich sehe viele Menschen schnell und spontan mit Erkenntnissen bombardiert, die wir dann aus den höheren Ebenen in verständliche Gedankenpakete umwandeln, damit alles besser verdaut werden kann.

Dennoch empfehle ich gerade in dieser Welt der Vielfalt, besonders im westlichen Bereich, sich dessen zu entledigen, was man nicht mehr braucht. Je weniger du im täglichen Leben zu pflegen, zu reinigen und zu beachten hast, desto mehr Zeit hast du für dich und deine Göttlichkeit. So nimm dir Zeit, dich von Altem zu befreien, nimm dir Zeit, dein Haus, deine Räume von altem Gesammelten und Ererbtem zu befreien. Verschenke oder verkaufe das, was eher Staub anzieht und behalte nur das, was dich heute noch begeistert und zu dir passt. Löse deine Verbindungen, die nicht mehr stimmig sind und dir Energie rauben, und schaue, wie du dein weiteres Leben gestalten willst. Nimm dir Zeit für Rituale, die dich in geordneten Bahnen halten. Pflege die Kunst der Zeremonien, wie ein langsames, genussvolles Frühstück, das nur Dinge enthält, die du wirklich brauchst und magst. Und die Menge sollte so sein, dass es dich nicht belastet. Schaue gut, was du deinem Körper zumutest an Nahrung, an Umwelt und an Aktivitäten. Sport in Maßen tut sicher gut. Aber nur, weil viele in ein Fitness-Studio gehen und ihren Körper dort bis zum Äußersten unter Druck setzen und sogar quälen, um anderen zu gefallen, musst du das nicht auch tun. Schaue, was dein Körper mag, spazieren gehen, schwimmen, laufen oder ruhen? Er wird es dir vermitteln. Tue nur das, was dir wirklich guttut. Dein Herz wird es dir vermitteln. Und dein Körper möchte auch gern täglich angesprochen werden, schaue in ihn hinein, was er möchte und höre auf ihn. Dann sind Krankheitsbilder nicht mehr in deinem Alltag. Du hast durch Klarheit und Aufmerksamkeit deines Seins, durch Achtung dieses himmlischen Körpers die Chance, dein Leben in wahrer Demut an das Leben zu verbringen. Bedenke, das gilt für alles. Tauche ein in die Weite, die Tiefe, das All-Ein-Sein. Alleinsein ist oft falsch verstanden. Es bedeutet, mit sich und allem eins zu sein. Stille und Rückzug sind der Königsweg für Suchende. Dieses hat sich nicht verändert, im Gegenteil. Es ist nötiger denn je. So folge deiner Weisheit, sie zeigt dir immer, was richtig für dich ist.

In großer Ehrerbietung für deinen Weg verbeuge ich mich. Ehre sei mit dir!

Ich bin Konfuzius.

Amazone spricht

Aus den Tiefen der Liebe und der Gerechtigkeit komme ich zu dir mit meinem Schwingungsnamen Amazone, jetzt, hier für die Zeit des Erwachens der Menschheit. Vielen Menschen ist dieser Begriff Amazone bekannt durch die Beschreibung einer Ära, in der die Frauen das Zepter der Macht trugen. Sie taten es, so wurde überliefert, sehr schwungvoll, oft auch hart und mit einer großen Kraft. Man hat daher auch etwas abgeleitet, das wie ein männlicher Spiegel wirkt. Amazonen seien Frauen gewesen, die wie Männer waren. Männer, wie man sie als Krieger und ehrfurchtgebietende Richter und Schlächter kennt. Das Wort und die Qualität eines Kriegers bergen in sich viel körperliche Kraft und Durchsetzungsvermögen. So ist das Bild einer Amazone nicht korrekt überliefert. Lasst uns ein bisschen über diese Zeit sprechen. Sie war der Weg meines Aufstiegs, obwohl dieser selbst erst viel später stattfand. Ich bin dann durch einige andere Leben zu meinem tieferen Weg gekommen, der letztlich in meiner Erfüllung gipfelte.

Eine Amazone zu sein ist geprägt von einer tiefen Weiblichkeit, gepaart mit der Kraft der Männlichkeit. Eigentlich ist es die Ausdruckskraft einer Verschmelzung zwischen männlich und weiblich, das, was die Mystiker eine Chymische Hochzeit nennen. So war dieses Volk nicht der Unterdrücker des Männlichen, sondern eher eine Verbindung beider Seinsarten des Menschen. Es war nicht die Zeit von Barbarinnen, die metzelten und schlachteten, sondern es war eine weise Zeit, die nicht richtig dargestellt ist. Das mag auch an den überlieferten Bildern und Botschaften liegen. Vor allem die Darstellungen der Frauen von damals sind eher furchteinflößend und schufen diesen Mythos. In Wahrheit waren die Frauen dort eine Art Überwesen, oder auch Galaktischer Mensch genannt. Es gab in dieser Art Frauen eine straffe Gliederung, wie bei einer Priesterschaft. Es waren die, die vorn standen und die Kultur und das tägliche Leben formten. Sie waren hohe Wesenheiten, voller Weisheit und Wissen. Sie waren gut mit ihren höheren Seinsanteilen verbunden und ließen sich inspirieren, was gut für die Menschheit war, um es dann weiter ins Feld zu bringen. Diese Ära der wahren Amazonen kann man auf eine Zeit vor ungefähr 250.000 Jahren datieren.

Kurz vor Christi Geburt gab es auch noch eine Eingeborenengruppe – die Amazonen –, die in Amazonien lebte, an dem bekannten Fluss, die etwas ganz anderes darstellte. Ich will sie hier nur am Rande erwähnen, weil sie nicht das ist, was ich beschreiben und energetisch herüberbringen möchte. Diese Gruppe von Frauen und Männern lebten die Barbarei und machten Raubzüge, indem sie auch vor Menschenfleisch nicht haltmachten. Sie waren ein kleiner Stamm, der vielen das Fürchten lehrte, aber sie hatten nichts mit dem gemein, was die wahren Amazonen hierher zur Erde bringen wollten.

Mein Stamm hatte seine Herkunft im Aldebaransystem. Sie waren auserwählt, der Menschheit in einer bestimmten Phase der Entwicklung hohe Weisheiten zu bringen. Die Lebenszeit dieser wunderbaren Spezies belief sich auf gut 50.000 Jahre. Danach war es Zeit, diese Kolonie der hohen Spiritualität aufzulösen. Wir waren eine von vielen Gruppen, die die Erde besuchten und Samen und Ideen hier verankerten. Die Erde ist zu allen Zeiten und Ären ein Versuchsplanet gewesen. Viele kamen von weit her, um die Perle dieses Universums zu besuchen und hier nach neuem Leben zu suchen, zu experimentieren, fremde neue Arten von Tieren und Pflanzen hier zu etablieren und das menschliche Volk zu lehren und mit ihnen auch energetisch zu arbeiten. Nicht alle, die zur Erde kamen, waren offenen, weiten Herzens. Es waren auch niedere Beweggründe, warum sie erschienen. Manchmal hinterließen sie auch nicht sehr fruchtbare Ideen und Energien.

Die Amazonen hatten die Aufgabe, die Einheit des Seins hier auf der Erde wieder zu verankern. Es waren vorher einige Experimente mit den Menschen gemacht worden. Die Amazonen wollten ausgleichen und das wahre Göttliche Sein missionieren. Sie waren in ihrer Art zu leben sehr einfach. Man könnte fast sagen, sie lebten asketisch, ohne dabei die Freuden des Lebens auszulassen. Ihre Nachkommenschaft wurde so erzogen, dass sie ebenfalls den Weg dieser inneren Vereinigung gehen konnte. Das priesterartige System ihrer Hierarchie brachte es mit sich, dass ein jeder diesen Weg der inneren Vereinigung gehen konnte. Das war das Ziel der Amazonen. Sie haben viel hier auf der Erde an Wissen energetisch verankert.

Ich war eine von ihnen und bin aus der menschlichen Spezies hervorgegangen und habe durch ihre Schulung meinen Weg der inneren Einheit Stück für Stück erreicht, aber auch durch das Leben selbst. Die Liebe zu mir selbst, die auch die Liebe zu anderen nährte, war der Schlüssel dazu. Nach ein paar Inkarnationen habe ich meine Stufenmeisterschaft erreicht und bin eine ganze Weile nicht inkarniert, sondern habe mich in anderen Ebenen weiterentwickelt. Ich besuchte die Schulen des Sirius und der Venus. Eine weitere Inkarnation hatte ich als Circe, denn alle Göttergeschichten und Parabeln haben ja einen wahren Ursprung. Xanthippe und Aphrodite durfte ich mich nennen und mit diesen Energien arbeiten. Sie haben alle als Grundthema die Vereinigung von männlich und weiblich im eigenen Sein.

Eine Voraussetzung für den eigentlichen Aufstieg, dem unendlichen Erweitern des Bewusstseins und weiteren Schritten in die Einheit.

Ihr habt sicher bemerkt, dass es hauptsächlich die weiblichen Themen, Aspekte und Qualitäten waren, die mich bewegten und die ich hier auslebte. Viele Inkarnationen beschäftigten sich mit dem Ausleben der weiblichen Kraft und ihrer Auswirkungen. Oft waren sie sehr polar, stark geprägt von Macht und Sexualität. Immer auf der Suche und Sehnsucht, sich mit der männlichen Seite zu vermählen. Eine Heirat auf energetische Art, hin zur hohen Göttlichkeit.

Viele Menschen sind nun auf der tieferen Suche des Weges nach Hause. Auf der Suche nach einer Möglichkeit, ihre eigenen weiblichen und männlichen Aspekte zu vereinen. Deshalb ist das Bestreben in den meisten Völkern, sich mit einem gegengeschlechtlichen Partner zu vereinen. Das war sicher oder ist auch dein Wunsch. Es ist die Suche nach dem Verstehen und Fühlen der verlorenen Seite. Denn eigentlich, in höheren Ebenen, ist männlich und weiblich eins und nicht in zwei Körper getrennt. Betrachtet einmal eure Religionen. Was wird dort vorgebetet? Wer hat die Macht in den Händen? Bis auf ein paar alte Urvölker, die versteckt in Urwäldern oder menschenleeren Gebieten leben, hat das Männliche, in der Form eines Mannes, die Macht in den Händen. Die meisten dieser Männer haben das Weibliche in sich nicht integriert, sie leben es nicht und handeln unausgewogen. Sie sind geprägt von ihren alten Erlebnissen, von ihrer Vergangenheit, die der letzten Tausend Jahre, die besonders ihr heutiges Dasein formen. In anderen Zeiten waren sie vielleicht auch Frauen oder sie lebten während der Zeiten wie wir Amazonen, wo das Weibliche dem Männlichen ebenbürtig war.

Eine wahre Weisheit, wie Konfuzius sie beschreibt, gibt

es nur, wenn beide Teile der Schöpfung vereint sind. Wenn das Weibliche und das Männliche sich auf Augenhöhe gegenüberstehen. Wenn keine Seite dominiert und sich so ausdrückt, dass die andere Seite unterdrückt ist. Das geschah in den letzten Jahrtausenden und natürlich auch in anderen Ären der Erde. Nun steht die Erde im Wandel, dies beinhaltet eine große Chance für alle Menschen, die es anstreben, eine innere Hochzeit zu feiern, das Weibliche und Männliche zu vereinen. Ihr seht, ich fordere nicht eine Dominanz des Weiblichen. Eine wahre Liebe ist auf gleicher Höhe, die Anteile der beiden göttlichen Aspekte müssen gelebt werden.

Nun möchte ich dir ein bisschen näher rücken. Wie sieht es bei dir mit deiner weiblichen und männlichen Seite aus? Hast du in dich geschaut oder dich beobachtet, was du wann lebst? Welcher Anteil deines Seins tritt wann in Erscheinung? Bei vielen Frauen ist das Weibliche eher in ein Schema gepresst. So oder so soll es ausgedrückt werden. Das verlangt die Umwelt, die Regierung, das Leben in der Dualität. Doch wahre Dualität ist das Gleichgewicht. Es ist wie eine Waage, die ausgeglichen ist. Frauen versuchen oft, das Weibliche mit Koketterie, vielleicht mit wallenden Haaren, enger Kleidung und vielen Arten und Masken auszudrücken. Dabei ist das Weibliche wenig mit dem Äußeren darzustellen. Es sind innere Qualitäten, die es im Außen dann widerspiegeln. Mag von der Anatomie her die Frau bestimmte Merkmale haben, so liegen die Qualitäten, die ich meine, im energetischen Bereich. Wenn eine Frau durch Öffnung ihres Herzens ihre eigene Tiefe entdeckt, kommt das Göttliche Weibliche, dieses nährende, schützende und Neues liebevoll Gebärende zum Vorschein. Viel Verständnis und Humor prägen dann das Leben. Verständnis für sich, die eigenen schwachen Seiten und die der anderen. Wie eine Mutter es eben lebt.

Diese Art des Seins wird jetzt gebraucht, keine Modepüppchen, oder Frauen, die eine falsch verstandene Emanzipation leben. Es braucht keine Kämpferinnen, die sich selbst eine männliche Maske überziehen. Es braucht heute Herzensstärke und Liebe für den Nächsten, um die Kriege und falsch verstandenen Glaubenszwistigkeiten beizulegen, die Waffen zu strecken und sich in den Arm zu nehmen. Es wird natürlich auch Frauen brauchen, die ihre männliche Stärke für alle wichtigen Friedensaktivitäten, ob in der Familie oder im Außen einsetzen. Männliche Kraft und Durchsetzungsvermögen, gepaart mit Güte und Akzeptanz des Gegenübers machen eine wahre Amazone aus. Möchtest du auch eine Amazone sein?

Der Mann braucht diese weiblichen Komponenten, um im heutigen Geschäftsleben die richtigen Friedensentscheidungen zu treffen, ob für die Mitarbeiter oder für Exporte von Waren in andere Länder. Ein Mann kann auch eine Amazone sein. Es kommt nur darauf an, dass er versteht: Amazone zu sein bedeutet, männliche und weibliche Qualitäten in sich zu vereinen und damit die Welt zu verändern.

Ich halte nun seit einigen Jahren mit einer Gruppe von wahren Amazonen das Zepter der Neuen Erde. Ich bin mir der Verantwortung bewusst und weiß: Wir werden es gemeinsam mit allen Erwachten, die ihre Hochzeit in sich feiern möchten, schaffen, die Neue Erde zu etablieren in die alte Erde, die loslassen möchte.

Amazone, in Liebe zur Menschheit.

Teil 3

Werkzeuge und Schritte der Meisterschaft

Energiekontakt

Du fragst dich sicher, warum die rechte Seite leer ist? Wir haben uns gedacht, dies ist ein guter Platz, um direkt Kontakt mit mir, KRYON aufzunehmen. Du musst nur eine Hand auf diese Seite legen und loslassen. Kannst du mich fühlen? Ich habe auch eine Botschaft für dich. Vielleicht magst du telepathisch mit mir kommunizieren? Ich danke dir für dein Vertrauen!

Der Prozess der Verschmelzung mit dem Höheren Selbst

Meine Partnerin fragt mich gerade, wie es funktioniert, wenn wir gemeinsam arbeiten. Ich will es gern kurz erklären, weil es auch zum Thema passt, das wir jetzt behandeln wollen. Das Buch, das sie empfängt, ist schon fertig, es lagert als Sammelinformation und als Gedankenpaket in ihrem Kausalkörper. Sie ruft es einfach ab. Ich, beziehungsweise zu anderen Gelegenheiten jemand anderes oder ihr Höheres Selbst, sind mit unserer Energie automatisch mit ihr in Verbindung, wenn die Absicht besteht, diese Gedankenpakete abzurufen. Wir sind dann eins. Wir sind interdimensional verbunden. In diesem Fall helfe ich ihr, diese Pakete in den Kanal zu bekommen und es in ihre Worte zu bringen. Es ist wie eine telepathische Kommunikation. Nur wähle ich nicht die Worte, das tut ihre Persönlichkeit. Wäre sie ein Wissenschaftler, würde sie andere Informationspakete bekommen und auch andere Worte wählen. Barbara wählt einfache Worte aus, die jeder verstehen kann, wenn er sich dafür öffnet. Je besser ihr Kanal geöffnet ist, umso leichter fließt der Text. Im Laufe der Jahre, wir arbeiten für sie bewusst schon zehn Jahre zusammen, ist sie sicher geworden, sie vertraut meiner Kraft, meinem Sein. Sie hat keine schlechten Erfahrungen gemacht, indem plötzlich der Kanal versiegte und keine Informationen mehr kamen. Sie weiß, ich lasse sie nicht hängen, wie ihr es so schön sagt. Je weiter ihr Kanal wird, umso tiefer kann ich in sie hineingleiten. Wir verschmelzen so weit, wie es für ein gutes Buch sein soll. Gut im Sinne davon, dass alles so zu ihr kommt, wie die Gruppe KRYON es sich wünscht. Sodass so wenig wie möglich an unklaren Botschaften herüberkommt. Und vor allem, dass der Wortsinn getroffen wird. Nun werden der Verleger und seine Mitarbeiter noch ein bisschen an diesem Text feilen. Sie sind bemüht, sich der Rechtschreibung anzugleichen. Aber die Information darf darunter natürlich nicht leiden, das bedeutet, dass nicht völlig andere Worte genommen werden dürfen. Worte sind Schwingungen, sie haben ihren Sinn, ihren Effekt und sind gezielt gewählt. Warum ich das hier alles erzähle? Weil es dieser Prozess ist, den du auch ähnlich mit deinem Höheren Selbst erlebst.

Noch ein paar Worte zu Barbara und mir: Ich bin auf einer anderen Ebene ihr Höheres Selbst, nicht als die nächste Instanz, so wie wir es beschreiben, aber auf einer viel höheren Ebene sind wir eins. Es ist so, wie den schon erwähnten Prozess mit der Leiter zu verstehen. Auf einer hohen Sprosse ihres Weges nach Hause bin ich die Instanz, mit der sie verschmilzt. Für diese Inkarnation habe ich mit ihrem niederen Höheren Selbst die Verabredung getroffen, dass ich durch sie arbeiten darf. Das geschieht durch Bücher, wo ich so weit in sie hineingehe, wie es nötig ist, um klar zu empfangen. Wenn wir auf Seminarreise sind, und es oft einer noch viel höheren Schwingung bedarf, um all die Leute zu erreichen, die uns besuchen, dann gehe ich intensiver in ihr Feld. Wenn sie, wie jetzt mit mir schreibt, dann fühlt sie mich im Herzen, und sie bemerkt, ihre eigenen Gedanken sind nicht mehr im Vordergrund, sondern ganz zurückgetreten. Es gibt nur noch meine, oder ihre, wenn man es genau nimmt, lediglich aus einer höheren Ebene. So würden einige sagen, Barbara channelt ihr Höheres Selbst. Nun bin ich natürlich nicht nur ihr Höheres, Höheres Selbst, sondern habe viele irdische Anteile. Es lohnt sich, darüber näher nachzudenken. Wer bist du für mich? Wir sind in Resonanz gegangen, stimmt's? Vielleicht bin ich auch dein Höheres, Höheres Selbst? Spüre einmal in dich, wie es sich für dich anfühlt.

Nun lass uns dich näher anschauen. Was bist du? „Ein Mensch", sagst du. Na, wir wissen nun wohl, dass das Menschsein nur ein kleiner Teil deines Seins ist. Du bist ein interdimensionales Wesen, das eine Erderfahrung macht. Auch das muss man immer wieder sagen. Wenn du stark in deinem Erdenleben durch Beruf und Familie eingetaucht bist, schreibe dir einen Zettel mit dieser Weisheit und hänge ihn dir dorthin, wo du oft bist. Dann erinnerst du dich, wenn wieder einmal nicht alles so ist, wie du es dir wünschst.

Dein nächsthöheres Selbst ist jetzt bereit für ein weiteres Zusammenwachsen. Wie und wann und wie bemerkbar es für dich ist, hat etwas mit deiner Bereitschaft zu tun; wir sprechen oft von der reinen Absicht. Bist du bereit, dich mehr für dieses höhere Sein zu öffnen? Bist du auch bereit, dies nicht nur ein bisschen, sondern vollständig zu tun? Ein bisschen spirituell zu sein, passt nicht mehr in diese Zeit. Jetzt heißt es: ganz oder gar nicht. Nimm deine spirituelle Ausrichtung mit in den Beruf, in den Alltag, in dein Familienleben. Vernetze dich mit der geistigen Welt. Erlaube deinem Höheren Selbst an deinem täglichen Leben teilzunehmen. Frag alles in dich hinein, was du wissen willst. Auch ganz banale Dinge kannst du erfragen und erbitten. Der Kontakt wird wachsen, und du weißt oft plötzlich, was zu tun ist. Du bekommst Ideen und Intuitionen für Taten. Es kommen Gedanken in dich, die du wundersam beobachtest. Sie klingen anders, als das, was dein Ego dir vermittelt. Die Kunst all dieser Schritte ist auch, das Ego nicht zu verdammen oder eliminieren zu wollen. Auch das muss immer wieder erwähnt werden. Das Ego hat dir gut gedient und sollte jetzt liebevoll in die hohe Energie des Höheren Selbstes eingebunden werden. Bitte das Höhere Selbst, es möge das Ego an die Hand nehmen und es mit viel Licht durchfluten, damit es sich nicht beiseitegedrängt fühlt. Ein sanftes Verschmelzen mit diesem irdischen Lenker deines Seins ist das Ziel. Du musst dich nicht von deinem Ego trennen, weil es dir – du gehst ja den Weg des Dritten Auges, den Weg des Erwachens im täglichen Leben – auch bei weiteren Schritten, durchaus behilflich sein kann. Das logische Denken ist ab und an auch noch gefragt. Dein Weg des Aufstiegs ist also eine Verbindung der irdischen Anteile mit den höheren. Ein stetes Verschmelzen deines irdischen Körpersystems, die Verlichtung deiner Organe, das Erwachen der Thymusdrüse, der Wachstumsdrüse und anderer Drüsen, je nach ihrer Aufgabe. Dieser Prozess hängt auch von deiner reinen Absicht ab. Bist du auch bereit, dir Zeit für diese Verschmelzung zu nehmen, indem du dich mit dir selbst beschäftigst, deine Muster betrachtest, aber auch viel Zeit damit verbringst, in den Kontakt mit dem Höheren Selbst zu kommen? Das kann durch innere Reisen sein, durch Hand-aufs-Herz-Legen, wie wir es empfehlen, durch innere Gespräche. Du musst ein bisschen erfinderisch sein in der Kontaktaufnahme. Spüre in dich, atme tief, probiere die Goldene Welle, die hier noch beschrieben werden wird. Mache auch gern weiterhin dir bekannte Meditationen. Alles, was verbindet und dir dein Höheres Sein bewusst macht, ist recht.

Eigentlich ist diese Verschmelzung eine ständige Meditation, nur mit dem Unterschied, dass du nicht die Augen schließt und dich auf deinen Atem konzentrierst oder etwas anderes, sondern im täglichen Leben eine geistige Verbindung hältst. Du bist der Meister dieses Prozesses. Lege einmal die Einstellung beiseite, dass du eine Sache so und die andere mit dem Höheren Selbst leben kannst. Du kannst alles mit deinem Höheren Selbst gemeinsam erleben, alles.

Erlaube deinem Höheren Sein alles mit dir zu teilen, auch deine Sexualität, deine Gesundheit, deine vielen Vorlieben, deine Familie, alles, was du hier auf der Erde lebst. Du wirst bemerken, dass durch diese Verbindung das Leben anders wird, vielleicht leichter oder auch intensiver. Mit dem Höheren Selbst die Natur neu zu erleben, wäre auch eine wunderbare Möglichkeit der Verschmelzung. Vielleicht wird alles etwas farbiger, herzzentrierter. Und vergiss nicht: Es gibt für alle Sorgen eine Lösung. Die mag von deinem Ego nicht auffindbar oder wenn doch, dann wahrscheinlich nicht befriedigend sein, weil sie dual ist. Aber aus deinem tiefen Herzen, deinem Höheren Selbst bekommt jede Sorge Flügel und kann sich auflösen oder schwächen oder den richtigen Weg finden. Glaube mir, ich weiß es einfach. Erlaube mir auch noch zu erwähnen, dass ich das hier bei meinem Medium beobachte, wie diese Verschmelzung vonstattengeht. Es ist auch sehr lustig zu sehen, wie sie größere Uneinigkeiten mit Humor oder Liebenswürdigkeit umschifft, sodass der Knoten sich lockert.

Probiere jetzt in diesem Moment einmal dein Leben zu betrachten. Ich helfe dir dabei. Was macht dir Sorgen und warum? Welche gesundheitlichen Probleme bewegen vielleicht dein Leben und woher mögen sie kommen? Warum sind sie da und was wollen sie dir sagen? Es gibt nichts, was nicht zu lösen wäre, auch Krankheitsbilder wie Krebs sind auflösbar. Auch wenn ich mich bei Ärzten unbeliebt mache, so sage ich ganz deutlich, eine Auflösung dieser Krankheit hat wenig mit Medikamenten zu tun. Es sind die inneren Einstellungen, die sich auflösen. Es ist die Liebe, die man sich selbst schenkt, sodass der Krebs keine Nahrung mehr bekommt und keine Daseinsberechtigung mehr hat. Wer sich selbst liebt, hat das beste Medikament zur Hand. Liebe löst Angstknoten auf. Krebs ist einer der sogenannten

Zivilisationskrankheiten, weil die Menschheit in großer Angst vor dem Leben ist.

Die Verschmelzung mit dem Höheren Selbst ist auch eine Vernetzung mit den vielen kristallinen Netzen, die die Erde umspannen, aber auch Verbindungen zu anderen Planeten, Galaxien und zu anderen Dimensionen des Lichtes. Du bist auch intensiver verbunden mit Höheren Selbsten der Menschen, die mit dir eng zusammenleben, mit denen du familiär verbunden bist oder die auch Freunde und Arbeitskollegen sind. Wir bieten auf den Seminaren immer gern an, die vermeintlichen Kontrahenten des eigenen Lebens doch einmal auf einer höheren Ebene zu besuchen. Wenn du Sorgen mit deinem Chef hast, gehe in die Verbindung zu seinem Höheren Selbst, der nächsthöheren Ebene auf dem Weg nach Hause. Schließe die Augen und wünsche in reiner Absicht diesen Kontakt. Ein inneres Bild oder eine gefühlte Verbindung wird entstehen und du kannst fragen, warum du und dein Chef sich nicht verstehen. Du wirst sicher den Grund erfahren oder eine Möglichkeit, diese Verbindung wieder auf eine leichtere Ebene zu bringen. So kann man viele Themen, mit denen man in Resonanz geht, bearbeiten.

Das Höhere Selbst ist auch der Spender herrlicher Energien. Sich jeden Morgen mit ihm zu verbinden und um Energie zu bitten, garantiert eine gute Verbindung für den Tag. Vielleicht fühlst du dich gestärkt oder, was noch viel wichtiger ist: Du fühlst dich geliebt. Du fühlst dich wertig, hast Vertrauen in dich selbst. Das macht nämlich eine Verbindung zum Höheren Selbst aus, das führt dich zu deinem so wichtigen Gottvertrauen, das Vertrauen in die Schöpfung an sich, in das, was du bist. Worauf wartest du? Gehe jetzt in die Verbindung zu dir selbst. Es ist nicht von Wichtigkeit, welche Bücher du bisher gelesen hast, und welche Seminare du besuchtest. Jetzt beginne, dich zu fühlen, zu spüren. Du bist nicht nur Mensch, du bist ein interdimensionales Wesen, das eine Erderfahrung macht. Lege jetzt deine Hand auf dein Herz und fühle deine wahre Größe!

Nun verstehst du vielleicht, dass das, was meine Partnerin und ich tun, indem wir ein Buch schreiben, etwas ganz Normales in dieser Zeit ist. Wir sind miteinander verbunden und kommunizieren. Wir arbeiten in und mit höherer Energie, um dir und anderen behilflich zu sein, auch in diese Verbindung zu kommen. Deshalb ist dieses Buch eine gute Möglichkeit, diese hohen Energien, die ich durch Barbara transportiere, für dich zu nutzen (siehe leere Seite für den Energiekontakt, Seite 99). Wir sagen immer wieder, alles, was wir channeln, ist letztlich Göttliche Energie. Die kannst du dir hier jetzt nehmen, um selbst tiefer in dich zu schauen. Wenn du dieses Buch zur Hand nimmst, es aufschlägst, dann bist du in meinem Energiefeld. Das bist du sowieso, weil ich einer der Hüter der Erde bin. Aber die Göttliche Energie, die ich mitbringe, oder die Tür, die ich für dich öffne, damit du in das Göttliche Feld eintreten kannst, hilft dir, dich höher zu verbinden. Wenn du also noch etwas Schwierigkeiten hast, mit dir selbst in Kontakt zu treten, dein Höheres Selbst zu besuchen, probiere es immer wieder in dieser Energie, die ich durch dieses Buch für dich halte. Es wird dir gelingen, das verspreche ich.

Das Heilige Höhere Herz

Wenn du davon ausgehst, dass wir deine Freunde sind, deine Helfer, was ist dann dein Höheres Selbst? Das ist eine gute Frage, nicht wahr? Was ist der Unterschied zwischen uns, und was ist anders? Haben wir höhere, niedere oder andere Qualitäten als dein Höheres Selbst, und sind wir aus einer anderen Konsistenz? Ich habe in vielen Seminaren Fragen in dieser Richtung gehört. Es waren auch die Fragen: „Wer ist wichtiger zu kontaktieren, die Freunde und Helfer oder das Höhere Selbst? Sind diese Freunde und Helfer dasselbe wie mein Höheres Selbst? Wie kann ich sie unterscheiden? Ist es mir gestattet, die Freunde einfach so anzusprechen oder muss ich vorher etwas dafür tun, oder geht das einfach so? Wenn ich mein Höheres Selbst kontaktieren möchte, muss ich einen besonderen Weg einschlagen? Und geht es leichter, weil das ja ich bin? Erwartet mein Höheres Selbst von mir, dass ich ein Ritual mache, bevor es Zeit für mich hat?“ Das sind sehr menschliche, aber verständliche Fragen. Bevor ich die Instanz des Heiligen Höheren Herzens beschreibe, unter anderem der Sitz deines Höheren Selbstes, möchte ich gern noch einen Moment bei diesen Fragen bleiben, weil sie damit eng verbunden sind.

Alle Instanzen, die es gibt, sind in dir. Ich bin auch in dir, wie schon erwähnt, aber in einer höheren Frequenz, einer höheren Schwingung als dein niederes, das nächsthöhere Selbst im Hinblick auf deine Erderfahrung. Es ist die unterste Stufe der Leiter, die nach Hause führt. Deine Helfer, die du als Schutzgeister bezeichnest, sind Verwandte aus deiner seelischen Familie und teilweise auch Wesen, die nie inkarnieren, aber der Menschheit dienen und selbst an dir lernen wollen. Sie wollen sich vielleicht vorbereiten auf eine Erdinkarnation. Sie kommen von weit her und sind noch nicht hier gewesen und lernen, wie es ist, so zu inkarnieren. Sie haben natürlich einen höheren, umfassenderen Blick und sind an deiner Seite, um dir durch diese Inkarnation hindurchzuhelfen. Die Erzengel, die Aufgestiegenen Meister, die auch in deinem Feld vorhanden sind, sind allerdings für dich erst ab einer bestimmten Bewusstseinserweiterung wahrnehmbar. Wir sprechen gern davon, dass du den Ring der Erzengel in diesem Prozess erreicht hast, dann nimmst du sie bewusst wahr und kannst auch Kontakt zu ihnen aufnehmen und Hilfe erbitten. Außerdem sind da noch die Elementarwesen, die mit den vier Elementen verbunden sind, aus denen du auch bestehst. Sie halten mit ihrem Bewusstsein dein Körpersystem. Auch zu ihnen kannst du Kontakt aufnehmen. Dein Feld ist also groß. Es ist so groß, wie Gott ist, wie die Schöpfung ist, weil du ein Teil dieser Schöpfung bist. Die einzige Frage, die sich stellen kann ist: Wie und wann kann ich zu ihnen Kontakt haben, mir ihrer bewusst sein? Das ist der Prozess, in dem du dich nun befindest.

Wir empfehlen immer, den Kontakt zum Höheren Selbst als die Priorität zu sehen. Es weiß, was du brauchst, es kann dir alles vermitteln, was für dich wichtig ist. Vielleicht wählt es auch manchmal den Weg über deine Helfer. Wir haben auch oft bemerkt, dass einige von euch ihren Helfern mehr vertrauen als ihrer eigenen Höheren Instanz. Ich glaube, dass ihr das Höhere Selbst als etwas sehr Heiliges und Weises anseht. Engel werden oft mit Flügeln und auch sehr liebreizend gezeigt. Das vermittelt dir vielleicht, dass der Kontakt mit ihnen leichter zu gestalten ist. Versuche nicht in Wertung zu gehen, sondern nimm den Kontakt nach deinem Herzensgefühl auf. Wenn du dich über kleinere Dinge unterhalten möchtest, wie die Suche nach deinem Autoschlüssel: Da ist es oft sehr beliebt, deinen Schutzgeist zu fragen. Er wird dir einen Wink geben, oder dich zu dem Platz führen, wo der Schlüssel liegt. Das dauert vielleicht einen Augenblick, weil dein Ego versuchen wird, sich einzuschalten. Dann ist es gut, den Kopf von Gedanken zu leeren und aufmerksam zu beobachten, wie die Helfer dir den Platz vermitteln wollen. Bei größeren Entwicklungsfragen wählen viele die Erzengel oder Aufgestiegenen Meister. Doch wer das große Vertrauen in sich selbst gefunden hat, wird all das mit dem Höheren Selbst besprechen wollen. Es gibt keine Regel hierfür.

Wenn wir von dem Heiligen Höheren Herzen sprechen, meinen wir die energetische Präsenz deines Göttlichen Funkens. Es ist eigentlich kein Platz, obwohl das in den Meditationen zum Heiligen Höheren Herzen oft so empfunden wird. Es ist das Feld der Einheit, auf deiner Brust, über deinem physischen Herzen weilt dieses Heilige Höhere Herz und ist das Tor zum Universum. Es ist das Tor zu deinem wahren Sein. Es ist auch der Platz, um von dort große Reisen zu Orten zu unternehmen, die sich in diesem, deinem Universum befinden. Dein Universum ist das ganze Universum. Du hast kein eigenes, du bist das Universum. Das verhält sich so wie der Tropfen im Meer, den ich schon beschrieb. In dir ist alles enthalten, was auch in der großen Schöpfung enthalten ist, und in diesem Heiligen Höheren Herzen ist deine Interdimensionalität. Erst seit der Harmonischen Konvergenz, dem Signal oder der Erkenntnis, dass die Erde mit dem Sonnensystem aufsteigen kann, ist dieser Platz für viele Menschen, die sich aufmachen wollen, erreichbar. Früher war dieser Kontakt mit vielen Schritten verbunden. Wir können hier wieder von einem Akt der Gnade sprechen, den die höchste Schöpfung als Ausdruck der Mütterlichkeit angewiesen hat. Wer sich mit dem Heiligen Höheren Herzen verbindet, ist deshalb auch mit dieser weiblichen Qualität der höchsten Schöpfung in Verbindung.

Lass uns hier eine kleine Übung machen, die dich in dein Herz hineinführt. Ausführlich kannst du diese Begegnung auch auf einer CD probieren, die es dafür gibt.* Lege eine Hand auf dein Herz, wie wir es am Anfang des Buches schon praktiziert haben. Atme ein paarmal und dann visualisiere ein Herz, dein Herz. In der Form, wie du dir ein Herz vorstellst. Wichtig zu verstehen ist, dass dieses Herz sich sofort in das Tor zu deinem Heiligen Höheren Herzen verwandelt. Dein großes Selbst weiß, dass du dieses Tor passieren willst. In diesem Herzen ist eine Tür. Die öffnest du und gehst hinein. Nun bist du in deinem Raum der Interdimensionalität. So einfach ist es. Ich habe dir noch einen großen Schubs Göttlicher Energie dazugegeben, falls du zweifelst, dass es gelingen möge. Nun stehst du im Raum der Freiheit, in der es keine Zeit gibt. Hier gibt es auch keine Dualität. Hier bist du in einer höheren Dimension, die fünfdimensional schwingt. Je öfter du diesen Raum besuchst, desto mehr verlichtest du dein irdisches Körpersystem. Die Besuche hier können kurz oder lang sein, wie es dir beliebt. Hier kannst du dein Höheres Selbst treffen. Du kannst dieses Tor in dieses Herz dazu benutzen, um weite Reisen mit deinem Bewusstsein zu machen. Dem sind keine Grenzen gesetzt. Wenn sich welche zeigen, dann ist es deine Grenze, die du noch nicht überschreiten kannst. Vielleicht kannst du so dieses System schon verlassen. Oder es zeigen sich dir Wächter, die dir gewisse, sehr hochschwingende Bereiche

---

* Barbara Bessen: KRYON. *Ein Kurs in Liebe. Geführte Meditationen zur energetischen Reinigung und Herzensöffnung*. Edition Sternenprinz im Hans-Nietsch-Verlag, Emmendingen 2008

noch nicht zugänglich machen. Experimentiere mit dieser wunderbaren Möglichkeit. Lerne dich näher kennen, erobere andere Welten.

Besuche auch, wenn es dir wichtig ist, verstorbene Menschen. Bedenke jedoch, dass sie nicht unbedingt höhere Weisheiten parat haben. Diese Weisheiten schenken dir höhere Ebenen. Den Erkundigungen sind keine Grenzen gesetzt. Du setzt sie dir durch deine Zweifel oder Zeitmangel höchstens selbst.

Die Übung ist eine gute Möglichkeit, immer enger mit deinem Höheren Selbst zu verschmelzen. Die meisten Leser sind noch nicht so lange dabei, diesen Weg zu gehen. Auch aus Mangel an Zeit oder aus dem Zweifel heraus, ob es wirklich möglich ist, zu höheren Ebenen Kontakt zu haben und es zu leben. Vielleicht ist auch Ablenkung dabei, weil ihr glaubt, man muss noch ganz viel tun, um diese Qualität leben zu können. Das wird in vielen Büchern auch noch vermittelt. Aber es geht nicht mehr um all die karmischen Imprinte, die zu lösen sind, das ist meist schon geschehen durch die reine Absicht und die große Gnade, die alle erreicht, die erwachen wollen. Man muss ebenso nicht in Askese leben, um diesen Kontakt zu haben, und man darf auch noch in alten Mustern tapsen. Trotzdem ist es möglich, das Höhere Selbst jetzt mehr kennenzulernen. Glaube mir, mehr ist nicht zu tun, als reiner Absicht zu sein. Alles Weitere fügt sich. Nun bleib noch ein bisschen in dieser Verbindung im Heiligen Höheren Herzen. Vielleicht magst du dir diese Begegnungen auch notieren, um später nachlesen zu können, was du erlebt hast?

Nun noch etwas für die wissenschaftlich interessierten Leser: Dein Höheres Selbst weiß alles. Auch, was gerade mit der Erde geschieht, wie Magnetismus und Schwerkraft funktionieren und was die Sonne gerade erlebt beziehungsweise wie sich ihre Aktivität auf die Erde und die Menschheit auswirkt. Das Höhere Selbst kennt alle Außerirdischen und deren jetzige Hilfe für die Erde oder auch für die Außerirdischen, die uns lieber annektieren würden beziehungsweise weiter manipulieren möchten. Dein Höheres Selbst kennt alles, weiß über Edelsteine und Kristalle Bescheid. Für Bastler: Es weiß auch, wie die neuen Motoren gebaut werden und funktionieren. Es ist ein Allroundgenie und weiß alles.

Es weiß auch, ob eine Reise dort oder dorthin für dich gut ist, und ob deine Mutter deine Hilfe braucht in ihrem Krankheitsbefinden. Es weiß Rat bei den Schulsorgen deiner Kinder. Es kennt deine Partnerschaft ganz genau und kann auch dazu Ratschläge geben. Du musst dir nur bewusst werden, dass es du ist. Warum sollte es dann nicht alles über dich wissen und dir bei deinem Weg behilflich sein? Du musst es nur probieren.

Und wenn du das Gefühl hast, ein Besuch in deinem Heiligen Höheren Herzen war erfolglos, die Bilder kamen nicht richtig, die Botschaften waren auch nicht hörbar, dann passte es vielleicht schwingungsmäßig nicht, weil du müde warst oder etwas anderes den Kontakt störte. Das kann auch generell mit der Entwicklung der Erde zusammenhängen. Der Zeitpunkt war nicht passend. Das geschieht meist in der Anfangszeit des Kontaktes. Dann lass dich nicht entmutigen und mach einfach weiter.

Wie schon erwähnt, ist es nicht mehr die Zeit, dies ab und an zu tun. Die Verbindung ist sowieso immer da. Du musst es nur dir selbst ständig bewusst machen. Du kannst, wo du gehst und stehst, bewusst in Kontakt mit deinem Heiligen Höheren Herzen sein und mit deinem Höheren Selbst. Probiere es tagsüber aus. Lass dich nicht davon abbringen, von niemandem. Du bist der Pionier dieser Zeit durch deine Art, dich selbst kennen und lieben zu lernen. Das hilft anderen, in diesem dadurch veränderten Feld ihre eigene Göttliche Spur zu finden.

Vergiss nicht, durch dieses Heilige Höhere Herz sind wir alle miteinander verbunden. Es ist die Matrix der Liebe, der Schöpfung und des Urschöpfers, der Stoff, aus dem alles gemacht ist.

Das Energiedepot „Kundalini" oder die Schlange des Erwachens

Wenn man etwas verstecken möchte, sucht man sich ein gutes Versteck, eines, das niemand so schnell findet, nicht wahr? Es gibt Dinge, die Menschen versteckt haben, die nach vielen Jahren oder sogar von anderen gefunden wurden, als derjenige, der sie deponiert hatte, schon hinübergegangen war. Gott oder die Schöpferwesen, ich denke, es war wohl mehr eine Gruppe, versteckten ihre höchste Kraft auch im Menschen. Sie gaben das, was ihnen am Höchsten war, am Allerheiligsten, tief in den Menschen hinein. Und zwar da, wo es wenige vermuten würde, weil es ein Bereich ist, der von vielen Missverständnissen berührt war und ist. Zu vielen Zeiten hier auf der Erde war es eine Quelle der Kraft der Fortpflanzung. Es gab Zeiten, in denen es notwendig war, für Nachkommen zu sorgen, besonders nach den zahlreichen Naturkatastrophen und anderen Vorkommnissen, die die Menschheit dezimierten. Wer vermutet schon, dass die höchste Kraft allen Seins, die Kraft der höchsten Schöpferinstanz in den unteren Bereichen des Körpersystems versteckt wurde, in dem Bereich der Fortpflanzungsorgane? Ganz besonders heikel war es, als man in die Wertigkeit ging, was diese Zone anbelangte. Es war nicht schicklich, sich darüber auseinanderzusetzen, es war zum Teil nicht einmal erlaubt, dies zu tun. Es war viele Zeiten lang verpönt, sich mit den tiefen Seinsebenen zu beschäftigen. Das Schild, das diese Schöpferkraft trug war wie ein Chamäleon, es wandelte seine Aussagekraft. Meist war sie nicht sehr ehrenvoll beziehungsweise eher mit dem Begriff der Lasterhaftigkeit bedeckt. So suchte der Mensch zu allen Zeiten, wo denn die Göttliche Kraft sei. Man fragte: „Wo ist das Kraftdepot, das die Menschen mit dem Himmel verbindet? Wo ist die höchste Kraft, die uns Gott spüren lässt? Welche Schritte müssen wir unternehmen? Wo müssen wir suchen? Mit welchen Mitteln ist diese Kraft zu erfahren?" Viele menschliche Suchende meinten, sie müssten irgendein äußeres Relikt suchen, ein Mineral, eine magische Formel, um an die tiefsten Geheimnisse des Lebens zu kommen. Nur hohe Eingeweihte wussten, wo der Schatz vergraben lag. In Lemuria war es ein offenes Geheimnis. Dort hatte man sogar höchsten Kontakt zu Schöpferwesen, die bereitwillig ihre Geheimnisse preisgaben, um Erfahrungen mit der schlafenden Kraft machen zu können.

Du weißt sicher schon, was ich dir vermitteln möchte: Der Schöpfergott ruht in deinem Steiß, in dem, das ihr Kundalinikraft nennt. Sie wird in der Mystik oft als eine schlafende Schlange beschreiben. So wie in dir die männliche und weibliche Kraft sich ausdrücken möchte, so ist dies mit der Kundalinikraft ebenso. Je eine Schlange verkörpert die Polarität. Das Ziel ist es, beide miteinander zu vereinen. Wenn das geschieht, ist die Chymische Hochzeit geschlossen. Dann ist der Mensch nicht mehr hauptsächlich dreidimensional, sondern befindet sich mit einem Bein ganz fest in der höheren Ebene, die, die ihr so ersehnt, die fünfte Dimension. Dies ist auch als Sprungbrett für sofortige Weiterreisen gedacht, denn jeder Weg, der weiterführt, ist individuell. Auch wahre Quantensprünge sind möglich.

Wie kommst du nun in den Genuss dieser Kraft? Du spürst sie, wenn du einen sexuellen Kontakt hast, ob mit einem andersgeschlechtlichen Partner oder mit dir selbst. Wenn die sexuelle Kraft stimuliert wird, kommen die Schlangen in Bewegung. Wenn es zu einem Orgasmus kommt, wird die Energie, die Lust auf der körperlichen

Ebene befriedigt. Wenn man durch eine höher ausgerichtete Sexualität, ob allein oder mit dem Partner, mit dieser Kraft in Verbindung kommt, wird die Schlange nicht nur nach oben schnellen, wie bei einem Kirmesspaß „Hau den Lukas" und dann wieder zurückschnellen, sondern sich langsam und stetig durch alle Chakren nach oben bewegen. Sie kreuzen sich an jedem Chakra, um sich an der Zirbeldrüse noch einmal zu kreuzen und dann den höheren Gaumen zu berühren, das wiederum eine Ekstase besonderer Art auslöst und auch mit dem Ausstoßen einer Flüssigkeit verbunden ist. Die Kunst ist es, diese Kraft so lange wie möglich zu erhalten, was ein bisschen Übung erfordert, aber durchaus jetzt in dieser Zeit zu schaffen ist. Man kann diese Schlangen auch mit tiefen Beckenatmungen aktivieren und beobachten, wie sie sich durch weiteres Atmen nach oben winden, um dann eben diesen weiteren Erguss zu spüren. Wie lange die Kraft anhält, ist von dir selbst und deinem Prozess abhängig, und meist auch von einer großen Portion Geduld. So etwas will Zeit und Muße haben. Zwanghaftes Wollen hilft da nicht weiter. Die Schlange ist hohes Bewusstsein. Sie ist wie ein Wächter an den Toren der höheren Ebenen und nur bereit sich zu bewegen, wenn es passend und angemessen ist. Wir haben dieses Thema schon öfter in den Büchern berührt. Aber jetzt, 2013, ist die Kraft in Bewegung, die Urkraft, und bereit sich zu bewegen, um dir höhere Impulse zu verschaffen. Diese Kraft wird nur aktiviert werden können, wenn du über 50 Prozent deiner Altlasten gelöst hast. Wenn es zu sehr auf Wollen basiert ist, wird es auch nicht funktionieren oder eher Schmerzen bereiten. Es muss in Zusammenarbeit deiner beiden Anteile, dem männlichen und dem weiblichen, geschehen und mit dem großen Ja deines Höheren Selbstes. Diese Qualität des höheren Erwachens ist etwas sehr Kostbares. Es kann das

Leben völlig verändern, weil du eine starke Kraft in dir spürst, die deine Sichtweise des Lebens völlig verändert. Du stellst vielleicht alles infrage, was du bisher gemacht hast. Das ist gut so, denn das ist ja einer der Schritte und Erkenntnisse, die jetzt auftreten, wenn du dich verlichtest. Es kann dir auch eine andere Sicht der Sexualität vermitteln. Denn mit dieser Kraft Sexualität zu erleben, ob mit oder ohne Partner, öffnet Türen zu der Schöpferebene, was bedeutet, mit ihr lässt sich erschaffen. Wer sich in dieser Ekstase befindet und sich auf eine Sache konzentriert, die ins Leben gerufen werden soll, kann es geschehen lassen. Es bedarf einer großen Achtung vor dem Leben, wenn du in diese Phase des Erwachens eintrittst.

Es ist viel darüber geschrieben worden, doch das Letzte und Heilige, der Schöpfungsakt, kann nicht sehr gut beschrieben werden, weil er einfach ist. Er ist nichts Sachliches, wie der Kauf oder die Anleitung zu einer Sache. Vielleicht kann man es verstehen, wenn man an einen Ingenieur oder einen Bastler denkt, der sehr lange an einer Idee probiert, bis es endlich nach vielen Versuchen gelingt. Dieses Gefühl der Erhabenheit und Demut ist es, was du empfinden wirst, wenn du mit deiner eigenen Göttlichkeit erschaffst. Das hat nichts mit Magie zu tun, die gelehrt wird. Magie ist ein Eingriff für einen Weg, der nicht gewachsen ist. Dein Weg ist der Weg des göttlichen Aufstiegs, der nicht manipuliert ist und von allen Wächtern der Pforten geachtet und geehrt wird. Du bist der Schöpfer deines Lebens und hast dir jetzt dieses Handwerkszeug verdient. Wenn es dich hier und jetzt nicht anspricht, damit zu experimentieren, dich deiner eigenen Kraft zu nähern, dann ist es auch gut. Du bist vielleicht noch nicht so weit in deinem Prozess, diese große Hürde zu nehmen. Du wirst es spüren, wenn es dich anspricht. Das kennst du von Büchern, die du kaufst, anliest und wieder beiseitelegst. Es spricht dich nicht an. Aber nach einigen Monaten oder Jahren kannst du damit viel mehr anfangen und fühlst dich magisch angezogen.

Dies ist auch die Kraft, die Jeshua und Maria Magdalena während ihrer bekannten Inkarnation lebten. Nur so waren all die Wunder möglich. Natürlich haben auch alle anderen, die aufgestiegen sind, mit dieser Kraft gearbeitet. Aber lass mich dir vermitteln, dass auch hier eine gewisse Individualität vorhanden ist. So manch einer von den Aufgestiegenen Meistern hat damit nicht experimentiert, sondern gewartet, bis es plötzlich von ganz allein geschah, weil ihr Höheres Selbst es eingeleitet hatte. Du siehst also, nichts geht dir verloren. Dir steht alles zur Verfügung, nichts kommt abhanden, manchmal ist es einfach nicht der richtige Zeitpunkt für ein Werkzeug.

Das Werkzeug Kundalinikraft wird dein Leben tatsächlich verändern, weil auch andere Qualitäten sich nun langsam offenbaren. Diese Kraft ist wie ein Fernrohr und lässt dich erfahren, was du wissen möchtest oder musst, um gewisse Schritte zu tun. Diese Kraft der Schöpfung lässt dich wissen, wenn du eine Sache, ein Geschäft oder eine andere Verbindung lieber nicht eingehen solltest. Es lässt dich fühlen und zeigt dir vielleicht auch Bilder, wie diese Verbindung aussehen würde. Verlasse dich auf deine Schlange der Schöpfung. Wenn du in einer Partnerschaft bist, dann schau dir mit der Kraft diese Verbindung tiefer an. Was möchtest du noch leben, was in der Partnerschaft nicht gelebt wird? Kannst du das mit diesem Menschen erleben? Darfst du ihn ermutigen auf seinem Weg und ihn sanft begleiten? Oder musst du einen anderen Weg finden, um neue Weisheiten zu erleben? Möglicherweise geht es auch, ohne sich zu trennen. Große Achtung vor dem anderen lässt euch sicher einen guten Weg für beide finden. Du hast einen weiten Blick mit dieser

Kraft. Du bist oft sehr wach und brauchst wahrscheinlich weniger Schlaf. Du schöpfst sozusagen aus der großen Kraft, die alles kann. Du wirst viele weise Erfahrungen urplötzlich haben, ohne lange Wege oder Tätigkeiten. Du weißt schnell und klar, was gut für dich oder andere ist und wo du helfen kannst, auch wo große Veränderungen, die du vornimmst, anderen behilflich sein können und vieles mehr. Alle großen Schöpfer und Künstler dieser Welt hatten irgendwann dieses Erlebnis und sind vielleicht auch in ihrem letzten Leben hier gewesen.

Du befindest dich nun auf einer Plattform, die dich überallhin katapultieren kann. Freue dich auf deine Zukunft oder besser gesagt, auf das unendliche JETZT!

Die Goldene Welle der Heilung

Du wirst nun im Laufe des Lesens dieser Kapitel sicher bemerkt haben, dass all das, was ich hier vermitteln möchte, darauf hinausläuft, dass alles vorhanden ist, das du für deinen Weg der Meisterschaft brauchst. Für deine Vervollkommnung, für den Prozess zum Galaktischen Menschen, zu einem Aufgestiegenen Meister, das, was viele von euch anstreben. Du musst all diese Angebote nur annehmen. Dein Persönlichkeitsselbst wird immer wieder neue Ideen haben, was besser sein könnte, effektiver und leichter. Oder es hat ganz andere Ideen, wie du dein Leben glücklich oder noch glücklicher verbringen könntest. Meist hat es mit etwas haben wollen zu tun. Etwas erreichen wollen, etwas zu (er)schaffen. Sicherlich sind fleißiges Üben, ein Gut-ausgerichtet-Sein auf dem Weg und Disziplin auch gut für dich. Doch all das Bestreben, dein *irdisches* Leben zu vervollkommnen, ist Illusion. Du kannst dein irdisches Leben nicht perfektionieren, was ein totales Steuern mit dem Verstand in sich birgt. Das ist kein Wachstum, das ist auch nicht der freie Wille. Das ist Irrglaube. Denn mit dem Verstand, und meist ist es der niedere, das Leben zu planen, bedeutet, sich ganz an der Materie, an der Dualität auszurichten. Einen Weg einzuschlagen, reich, schön und beliebt zu sein, bringt die Gegenseite ebenso ins Rollen. Das ist die Reise hier auf der Erde. Erkenne dieses irdische Konzept, ohne zu bewerten. Es ist in Ordnung, dass es so etwas gibt. Es hat dir viel beschert, viele schöne und auch schlechte Dinge, eben alles, was es hier zu erfahren und zu erkennen gibt. Nur, es ist nicht der Weg, das ist ein Irrglaube, das Schlechte zu negieren und sich in dieser Materie nur auf das Gute auszurichten und irdischen Qualitäten nachzueifern. Das ist der Weg vieler Religionen und beschert den Menschen weitere dualistische Erfahrungen. Der Ausstieg aus all dem ist die Verbindung zu höheren Ebenen und das nicht nur ein bisschen, sondern immer mehr. Zu höheren Welten in Form von anderen Anteilen deines Seins und weiteren Anteilen, Ebenen des Universums. Und das nur über das bewusste Wollen und Tun.

Nimm dir Zeit, ein weiteres wunderbares Werkzeug der höheren Welten zu genießen und es zu nutzen, Krankheitssymptome und -bilder auszugleichen, zu lindern oder ganz zu eliminieren. Das geschieht meist dann, wenn du dir des Grundes der auftretenden Mangelerscheinungen und Quälereien, die mit Schmerzen und Unwohlsein verbunden sind, bewusst wirst. Wenn du weißt, warum der Schuh drückt, dann kannst du es sicher ändern. Denn es ist dein Leben, nur du kannst Veränderungen vornehmen. Wer sollte es sonst für dich tun? Dein Höheres Selbst wird sofort mit Ideen und Potenzialen aufwarten, wenn du dein Signal für das tiefe Eintauchen in dich gibst. Wenn du bereit bist, loslassen zu wollen und dich ganz anzunehmen und gegebenenfalls zu verzeihen. Die hohe Göttliche Energie, die jetzt die Erde von der Zentralsonne im Zentrum der Galaxie über eure Sonne zur Erde kommt, es ist ein Teil der hohen Göttlichen Matrix, der Kraft, die alles ist. Sie kommt immer noch partiell zu euch. Allerdings sehr viel höher als in der Zeit, wo das Erdmagnetgitter weitere Informationen nicht durchkommen ließ. Diese Energie taufte ich die Goldene Welle, weil sie sich auch als Welle, natürlich auch aus Teilchen bestehend, bewegt. Aber eine Welle ist gut für Menschen, um eine Assoziation zu erhalten und eine Analogie ihrer Wirkweise. Die Goldene Welle kommt tatsächlich für Menschen fühlbar als Welle hinein. Es gibt besondere Schübe dieser hohen

Kraft, die zu bestimmten Zeitfenstern die Erde erreicht, das auch mit der Sonne und ihrer Entwicklung und ihren Zyklen zu tun hat. Es hängt von ihren eigenen Aktivitäten ab, und wenn sie bestimmte Schübe, auch Sonnenflakes genannt, abgibt und aussendet.

Euch erreichen die Schübe dann nach einer Weile. Das beinhaltet Veränderungen im Leben eines jeden Menschen. Man kann diese Welle genießen und sagen: „Schön, dass du endlich da bist, ich habe lange auf dich gewartet. Bitte hilf mir, meine Speicherungen loszulassen und mein Herz zu öffnen, damit mein Leben in andere Bahnen gehen kann. Ich gebe mich dir ganz hin. Es ist wunderbar, liebe Goldene Welle, dass du da bist." Vielen Menschen ist diese Kraft nicht bewusst, sie fühlen sich nur an manchen Tagen unwohl oder anders. Anders als sonst, fast als komisch zu beschreiben, etwas, was man nicht so recht kennt. Diese Goldene Welle arbeitet ungefragt, weil sie einfach da ist. Sie ist nicht steuerbar, lediglich als Surfbrett nutzbar, indem man aufspringt und sie willkommen heißt. Was vielleicht auch mit sich bringt, dass man sich für Nichtstun, körperliche Ruhe entscheidet, um diesen schubartigen Prozess geschehen zu lassen. Einige Menschen spüren diese innere Arbeit, obgleich sie nicht zu erklären ist. Manchmal geht sie mit äußeren Transformationserscheinungen wie Grippesymptomen oder undefinierbaren Schmerzen einher, die von keinem Mediziner diagnostiziert werden können. Es sind Wachstums- und Aufstiegsprozesse und deren Auswirkungen, unterstrichen von kraftvollen Läuterungen jeglicher Art.

Ich empfehle, sich ganz dieser Goldenen Welle hinzugeben. Es sich eher gemütlich zu machen in dieser Kraft und dieser intelligenten Energie zu erlauben, an deinem System zu arbeiten, das wegzunehmen und auszugleichen, was jetzt dran ist. Es gibt nichts zu tun, als sich ihr zu widmen, sich ihr zu öffnen und sich nicht dagegenzustemmen. Loslassen und Hingeben ist die beste Art mit dieser Goldenen Welle umzugehen, das ist meine Empfehlung.

Und weil dieses Werkzeug so wichtig ist, gebe ich hier noch mal eine Anleitung zum Mitmachen. Diese Übung kann man überall vollziehen. Ich gebe hier eine Anleitung, diese Übung im Liegen zu machen. Aber sie ist durchaus, wenn du dich gut entspannen kannst, im Sitzen möglich, auch, wenn es wichtig ist, in einer kleinen Pause in deiner Arbeit. Du musst einfach probieren, wie es gut für dich ist. Diese Sitzung kostet nichts. Du hast den Schlüssel selbst in der Hand und bist von niemandem abhängig. Du bist eben dein eigener Meister, dein Therapeut, dein Heiler. Klingt das nicht wunderbar?

Anleitung zu einer Heilsitzung mit der Goldenen Welle

Suche dir einen gemütlichen Platz zum Liegen. Eine bequeme Unterlage ist ratsam. Wenn du eine Behandlungsliege hast, ist das auch passend, das eigene Sofa tut es auch. Dann lasse los, prüfe, ob du gut liegst und entspanne dich. Nun, das ist die einzige „Arbeit" für dich, dass du an diese Goldene Welle denkst, so wie du dir eine Welle vorstellst und hineintrittst. Oder bittest sie, in reiner Absicht, dich zu durchfluten. Das ist alles. Alles Weitere ergibt sich von ganz allein. Das ist die Übungsanleitung. Mehr ist nicht zu tun.*

---

* Wer gern eine Anleitung, von KRYON gesprochen, dazu genießen möchte: Es gibt von Barbara Bessen die CD *KRYON. Ein Kurs in Liebe. Reise in die Goldene Welle. Reise zum Höheren Selbst.* Edition Sternenprinz im Hans-Nietsch-Verlag, Emmendingen 2011.

Nun beschreibe ich noch, was alles geschehen kann mit der Goldenen Welle. Du kannst schnell die ersten Reaktionen bemerken. Vielleicht wird ein Fuß warm oder kribbelt. Vielleicht sind beide Hände dabei, sich aufzuladen, sie werden warm oder kribbeln. Die Art und Weise der Goldenen Welle ihre Kraft einzusetzen, ist vielfältig. Manche Menschen berichten von Zuckungen, von großen Schüben Energie, die sie durchströmten. Es kann auch sein, dass die Kraft erst einmal an die Stellen deines Körpers geht, die nicht gut energetisch durchflutet sind. Oft macht sich das durch ein Gefühl der Weite bemerkbar oder ein sehr starkes Pochen oder auch Zucken. Du wirst an dieser Körperstelle bearbeitet, die Stockungen, die deinen Energiefluss behindern, werden gelöst. Verspannungen im Nacken werden durch Wärme ausgeglichen. Vielleicht erfährst du auch eine Wirbelsäulenaufrichtung, wenn du schief bist oder Wirbel nicht an ihrer richtigen Stelle liegen. Alles ist möglich. Es kann sein, es muss aber nicht. Diese Welle ist die Urmatrix in der Form, wie Menschen sie hier auf der Erde schon vertragen können. Diese Matrix beinhaltet auch deine Göttliche Blaupause. So wird die Goldene Welle, wenn sie für dich tätig ist, wenn du dich ihr hingibst, versuchen, dich wieder in diese Blaupause einzupassen. Nun verstehst du sicher, dass eine Heilbehandlung, ein Einpassen in deine Göttliche Blaupause viel bewirken kann, so viel, wie du verträgst, wie bei dir ansteht. Es ist sicher auch davon abhängig, inwieweit deine Krankheitssymptome schon entwickelt sind, und ob du das Thema, das dahintersteht, losgelassen hast. Dementsprechend erfolgreich sind solche Behandlungen mit Gott. Du bist im Feld von allem, was ist. Das ist Gott. Die Frage ist, inwieweit du bereit bist, alte Speicherungen loszulassen.

Mit der Goldenen Welle zu spielen ist die beste Art, mit ihr zusammenzuarbeiten. Nimm es nicht verbissen und erwarte nicht zu viel. Lass das geschehen, was geschehen darf und soll. Es gibt kein Limit, wie oft du dies tun kannst. Nutze abends vor dem Einschlafen die Goldene Welle, um dich vom Tagesgeschehen zu klären. Du kannst dich auch einfach nur hineinbegeben, um dich zu entspannen, um dich gut zu fühlen. Denn das wirst du immer mehr. Es ist die Möglichkeit, mehrere Schritte in die höheren Ebenen deines Seins zu treten. Du hast die Chance, dich ganzheitlicher zu fühlen. Der Arbeit oder Spielvarianten der Goldenen Welle und dir sind keine Grenzen gesetzt. Sie ist eine Heilweise, wenn man es überhaupt so ausdrücken kann, aber Menschen ordnen ja gern alles irgendwo ein, wie es jetzt oft auf verschiedene Arten angeboten wird. Sie haben viele Namen, aber letztlich arbeiten alle mit einem interdimensionalen Bein, mit der Quantenhaftigkeit, die letztlich in jedem ist.

Lass dich verzaubern von dieser wundervollen Kraft und Liebe. Denke nicht so viel dabei oder und versuche nicht, diese Kraft zu steuern. Lass einfach los und genieße.

Die „Goldene Welle der Heilung" ist ein weiterer Schritt, sich mit dem höchsten Schöpfer wieder zu vereinen. Diese Kraft ist auch mit höher schwingenden Helfern verbunden. Es kann durchaus sein, dass du während einer Sitzung vor deinem inneren Auge Wesen erkennst, die sich über dich beugen und vielleicht auch beratschlagen, wo sie noch ein bisschen nachhelfen können, wenn du ein größeres oder schon sehr lange vorhandenes Krankheitsbild hast. Oder wenn es dir nicht gelingt, dein Leben von tief greifenden Erfahrungen zu befreien, die dich immer wieder in bestimmten Gleisen halten. In diesen Behandlungen ist alles möglich. Vielleicht fühlst du dich auch einfach nur sehr getragen und schwebend, wie in einer Wolke liegend. Es wird das geschehen, was gut für dich ist. Es gibt selbstverständlich keine Heilversprechen. Aber vielleicht kommt, während du schwebst, dir eine Einsicht, eine Erkenntnis, was du in deinem Leben ändern solltest, damit dein Körper sich wieder ganz in die Göttliche Blaupause einfügen könnte.

Menschen, die schon lange krank sind und nicht gesunden wollen, sollten sich auch fragen, ob sie überhaupt wieder vital und frei sein wollen. Vielleicht ist dieses Krank- oder Gebrechlich-Sein ein Mittel zum Zweck? Vielleicht, um andere Menschen auf sich aufmerksam zu machen und um Liebe zu bitten?

In einem Buch eines amerikanischen Therapeuten, der eine Anbindung an die Göttliche Matrix erklärt, war eine Geschichte einiger Menschen zu lesen, die aus einem bestimmten Grund, nämlich Auswirkungen ihrer Arbeitsbedingungen, an den Rollstuhl gefesselt waren.* Ich darf diesen Fall hier zitieren. Die Heilsitzungen zeigten keine Erfolge. Es stellte sich heraus, dass diese Gruppe der Rollstuhlfahrer gegen eine Firma prozessierte, weil sie Schadensersatz für ihr Leiden forderten. So muss ein jeder schauen, ob er noch an den Möglichkeiten der Erderfahrungen in dieser oder ähnlichen Formen teilnehmen möchte.

Es lohnt sich, ein bisschen länger darüber nachzudenken. Frage dich: „Bin ich bereit für meine Heilung? Bin ich – ganz tief geschaut – bereit, meine Göttlichkeit anzunehmen?"

---

* Siehe Eric Pearl: *The Reconnection. Heilung durch Rückverbindung*. KOHA-Verlag, Burgrain 2007

Mitgefühl, Vergebung und Barmherzigkeit

Wir nähern uns in langsamen Schritten dem Ende dieses Buches. Ich habe dir viel über Wege der Meisterschaft erzählt. Die Meisterschaft über das physische Gefährt zu erreichen ist ein Prozess. Es sind oft langwierige Schritte durch Energiebündel der alten Speicherungen. Das Einordnen der Erfahrungen und in sich in Liebe integrieren. Es ist nichts, das man erzwingen kann. Du bist beschützt, gelenkt und geführt von denen, die dich ausmachen, die du bist. Und von den Meistern, den Adepten der höheren Bereiche, die dich liebevoll unterstützen mit anderen Parametern als noch vor vierzig Jahren. Diese große Veränderung dieses Universums gestattet ihnen, oft ein Auge zuzudrücken, wo früher ein strenger Maßstab angesetzt wurde. Sie haben die Aufgabe, jeden Menschen, der sich auf den Weg des Erwachens begibt, zu unterstützen. Es sind auch viele von euch dabei, die noch nicht so lange auf der Erde inkarnierten, die jetzt die Chance für einen Aufstieg auf höhere Ebenen haben. Es ist wie von einem langsameren Auto in einen Rennwagen zu steigen. Die verschiedenen Pforten der Einweihungen werden anders, schneller durchschritten, oft für den Menschen nicht wahrnehmbar. Das Informieren, das Erkennen und das Erfassen geschehen auf einer höheren Ebene. So kann es durchaus sein, dass ein Mensch, ein Schüler des Lichts, ein Pionier dieser vernetzten Zeit durch etwas ganz Wichtiges hindurchgegangen ist und es nicht einmal weiß. Früher war das anders. Die Geschwindigkeit hat sich verändert, die Hilfe ist immens, doch um hier einen anderen Spruch einmal in den Raum zu stellen: „Ungeprüft kommt niemand in den Himmel!" Das mag sehr altbacken klingen, doch beinhaltet es, dass jeder, der sich in die höheren Ebenen begeben möchte, jetzt mit der Erde in eine andere Laufbahn schreiten möchte, dazu bereit sein muss. Er muss offen sein für die geistigen Gesetze. Er muss sie nicht studieren und eine Prüfung ablegen, aber er muss reinen Herzens für diesen sehr spannenden Weg sein, den früher Menschen nur in besonderer Reife gehen konnten. Kein irdischer oder geistiger Lehrer nahm einen Schüler an, ohne ihn zu prüfen, ob er würdig sei, unterrichtet zu werden. Die meisten von euch Lesern wissen das. Es ist tief in euch gespeichert. Ihr könnt euch, vielleicht jetzt nur mit dem Gefühl, an diese Zeiten erinnern. Mir ist es wichtig, euch dies noch zu vermitteln: Ihr seid nun auf einer anderen Entwicklungsstufe der Erde. Ihr seid würdig, mit der Erde diesen Weg des Aufstiegs zu gehen. Nur eine bestimmte Anzahl von Klärungen muss dieser Suchende getan haben oder zumindest dabei sein, um diese hohen Schwingungen des Lichts bewusst aufzunehmen und sich von der höheren geistigen Instanz führen lassen, oft auch unbewusst, um die nächsten Schritte zu tun. Das ist die Veränderung, die Menschen heute erfahren, wenn sie sich auf den Weg machen, Galaktische Menschen zu werden.

Wir sprachen viel über Dinge, die dir helfen, diesen Weg zu gehen. Das meiste ist dir bekannt, weil du schon öfter darüber gelesen oder gehört hast. Das meiste aber ist dir verständlich, weil dein Herz damit in Resonanz geht. Du wirst hier alle Informationen, die mit viel Energie gefüllt sind, als wahr empfunden haben, weil dein Herz genickt hat. Es weiß, was für diesen Prozess des Aufstiegs für Erde und Mensch gut ist. So ist mir nun noch wichtig, dich auf die fortgeschrittenen Schritte aufmerksam zu machen, die sich zum Teil auch aus den vorherigen erwähnten ergeben.

Wenn du all das übst oder umsetzt, was hier empfohlen wird, bist du stetig geklärter. Du verlichtest dich immer mehr. Jetzt kommt die Kernqualität eines Galaktischen, eines Göttlichen Menschen ins Visier.

Wie steht es nun mit deiner Liebe zu dir selbst? Vielleicht hast du mit diesem Thema, das bereits ausführlich beschrieben wurde, schon gearbeitet, dich damit geistig beschäftigt? Vielleicht sind auch äußere Geschehnisse mit dir in Resonanz gegangen, die dir dieses Thema noch bewusster machten. Jetzt geht es um dich. Nur um dich vorerst. Du bist wichtig, du bist liebenswert. Es lohnt sich, mit dir wundervollem Wesen verbunden zu sein. Es ist wunderbar, sich mit dir zu unterhalten. Es ist schön, mit dir irgendwo zusammen zu sein, um dein Licht zu spüren. Ich sehe diese Qualitäten an und in dir. Ich sehe dich als Göttliches Wesen und ermuntere dich, dich auch so zu sehen. Was ist an dir, was nicht liebenswert wäre? Na, ich sehe, da musst du auch schmunzeln. Du weißt längst, dass alle nicht liebenswerten Charakterzüge oder Handlungsweisen und auch äußere Makel, wie du sie nennst, zu dir gehören und ein Ausdruck deiner Entwicklung sind. Sie spiegeln, wer du bist. Jede Angst, jede Sorge spiegelt sich in deinen Bewegungen, deiner Mimik, deinem Aussehen. Schaffst du es, stolz darauf zu sein, was du alles schon erlebt hast, und dass es zeigt, wie viel du erkannt hast, wozu du bereit warst, was du erleben wolltest? Wer keine Makel, keine Seelendellen vorweisen kann, hat dieses Leben nicht gelebt. Er hat nichts an sich herankommen lassen. Er war nicht so mutig wie du. Ordne so deine Befindlichkeit ein und nimm sie an. Sei stolz auf dich, du hast viel erlebt und erledigt. Pioniere, die jetzt hier inkarnieren, haben in einem Leben so viel erlebt, wie andere in zehn. Du hast dir gesagt: „Ich nehme alles mit, was ich bearbeiten kann. Das ist die Gelegenheit, und ich helfe damit sogar der Erde und dem

Kollektiv der Menschheit. Denn wo ich mich verändere, verändern sich alle. Denn alle nähren sich aus dem Gedankenpool der Erde." Das ist korrekt!

Eine kleine Übung möchte ich dir noch mitgeben: Stelle dich vor einen Spiegel und umarme dich, streichle alle Stellen deines Körpers, die du gern anders hättest und fühle, wie gut es tut, dich selbst so tief zu fühlen. Das öfter getan, verändert den Körper. Wo immer du diese Selbstannahme einsetzt, es verändert dich. Du nährst dich mit Eigenliebe, Selbstakzeptanz, was letztlich zu Selbsterkenntnis führt. Damit wären wir wieder bei der alten Frage: Wer bin ich wirklich? Sich selbst als Mensch anzunehmen, öffnet die Tore zu höheren Ebenen. Ohne Selbstliebe gibt es keine Entwicklung.

Der nächste Schritt ist eine vollkommene Vergebung aller Taten, die du an anderen verübtest und die man an dir verübte. Zurzeit gibt es im deutschen Medienbereich eine große Welle der Anklage gegen körperlichen Missbrauch, ob bezüglich Sexualität, Züchtigungen oder mangelnder Wahrnehmung und Behütung. Das zeigt, die Themen kommen an die Oberfläche. Kann der misshandelte Schüler seine Erlebnisse loslassen und verzeihen? Oder bedarf es einer Bestrafung der Täter, auch einer Genugtuung? Ich weiß, es ist nicht leicht, diese Taten – oft geschahen sie auch in der eigenen Familie – loszulassen. Aber es ist sicher gut, zu erkennen, dass es der beste Weg ist. Hier spielt auch die Veränderung der Erde eine wichtige Rolle. Es fällt leichter zu verzeihen, wenn man in der Liebe zu sich selbst, zumindest ein bisschen, verankert ist. Wenn viele Menschen verzeihen, sich selbst und anderen, verändert sich auch das Feld, von dem ich so oft spreche. Also, wieder eine kollektive Arbeit, die allen dient, nicht nur einem selbst. – Dieses Verzeihen geschieht, indem man sich mit den Schritten der Meisterschaft auseinandersetzt, denn das führt zu Selbstakzeptanz und zum Verstehen der Zusammenhänge.

Immer da, wo Länder, wie oben beschrieben, ihre Themen nach oben holen, wird Platz gemacht für die Neue Energie, von der wir so oft sprechen. Wo Altes geht, kann die Liebe der Göttlichen Matrix Einzug halten. Nebenbei bemerkt kann man gut verzeihen, wenn man das mit der Goldenen Welle unterstützt. Alle Schmach, alles Leid, das Menschen hier auf diesem Planeten je erlebt haben, möchte sich auflösen. Es ist in den Körpern der Menschen und auch der Erde gespeichert. Deshalb kommen viele Menschen an alte Orte der Begegnungen und Taten zurück. Sie klären ganzheitlich. Das, was dir widerfahren ist, hat jemand anders auf eine andere Art erlebt oder in einem anderen Leben. So ist auch hier wieder der ganzheitliche Blick so wichtig. Niemand ist getrennt von dem anderen. Ihr teilt Leid und Freude miteinander. Die Frage ist nur, ob du dir dessen immer öfter bewusst bist. Kannst du deinen Gegner, deinen vermeintlichen Feind – Saint Germain pflegt immer von Sparringspartnern, die du dir aussuchtest, zu sprechen – mit den Augen der Ganzheit sehen? Kannst du deinem scheidenden Ehepartner mit diesem Blick anschauen und so zu einem besseren Verständnis kommen? Kannst du deine Arbeitskündigung oder einen Diebstahl, den du erlebtest, mit diesem Blick annehmen? Wenn du das schaffst, bist du einen großen Schritt weiter.

Diese Hürden zu nehmen, ist nicht leicht, ich weiß es. Aber es ist unerlässlich, so die Liebe auf die Erde zu bringen. Wie soll es sonst geschehen? Und – es geschieht immer bei und mit dir. Alles, was auf der Erde geschieht, hat etwas mit dir zu tun. Du bist ein Teil von allem und so geschieht nichts für sich allein und getrennt von dir. Jeder nährt sich vom Massenbewusstsein und so kann jeder die kriegerischen Auseinandersetzungen in Richtung Frieden beeinflussen, indem er sich mit seinen eigenen Themen auseinandersetzt, sie klärt.

Barmherzigkeit ist der große Schritt, der dann folgt. Es ist wie ein Spagat von einer Welt in eine andere. Wer barmherzig auf alles reagiert, was in seiner Umwelt passiert, hat den Schlüssel zur eigenen Weisheit in der Hand und zu dem, was ihr Glück und Seligkeit nennt. Barmherzigkeit bedeutet, nicht mehr zu werten, egal was in der Welt passiert, sondern zur rechten Zeit am rechten Ort das zu tun, was hilfreich ist. Barmherzigkeit heißt, alles zu verstehen, was nicht bedeutet, es gutzuheißen und entsprechend das zu tun, was nötig ist. Manchmal bedeutet das auch, nichts zu tun, und sich etwas entwickeln zu lassen.

Dieses Stadium wird oft mit Erleuchtung beschrieben. Doch wir meinen, hier auf unserer Ebene ist die Erleuchtung heute anders. Sie kommt in kleinen Stückchen. Sie sind die klaren Momente, die du hast, Erkenntnisse, die nicht aus dem niederen Verstand kommen. Das kann auch mit warmen Gefühlen des Körpers empfunden werden. Plötzlich hast du vielleicht das Gefühl, die Zeit bleibt stehen und du schaust in das ganze Universum. Oder du spürst, dass du wirklich mit allem eins bist. Dann kann das plötzlich auch wieder vorbei sein, als wäre es nur eine kleine Welle gewesen. Das ist der mittlere Weg des Aufstiegs, den du gehst, und der ist mitten im Leben. Das ist einer der Gründe, warum die so ersehnte Erleuchtung in Schritten kommt. Wie auch die dunkle Nacht der Seele, die oft schon beschrieben wurde, stückchenweise erscheint, so wie du deine Muster loslässt.

Hab Geduld mit dir. Verlange nicht zu viel von dir. Liebe dich, so wie du bist und sage dir: „Zu mir wird das kommen, was zu mir kommen soll und zu dem Zeitpunkt, wo es gut für mich ist." Kannst du dies annehmen?

12 Schlüssel zum lichtvollen Sein

Dies sind 12 Möglichkeiten, sich immer mehr zu verlichten und seinem eigenen Sein näherzukommen. Viel Freude beim Üben!

1. Hand aufs Herz legen

Lege die Hand auf deine Brust, verbinde dich bewusst mit deinem physischen und deinem Heiligen Höheren Herzen, dem Sitz deines Höheren Selbstes. Diese Übung verbindet dich mit deinem wahren Sein und gibt Gelassenheit, Ruhe und Klarheit.

2. Emotionen beobachten, erkennen und loslassen

Wann immer dich etwas beunruhigt, ärgert oder traurig macht, erforsche, warum es so ist, woher es kommt und löse es auf. Entweder durch und mit geistigen Helfern, deinem Höheren Selbst, wenn du schon gut im Kontakt bist. Oder lege dich in die Goldene Welle der Heilung.

3. Eine Kunst: Wissen, wann was zu tun ist oder innezuhalten

Wenn du nicht weißt, was du in einer Situation tun sollst, gehe in die Stille, wie du es gelernt hast, oder besuche dein Heiliges Höheres Herz und versuche über Kontakt oder über deine Intuition zu erfahren, ob du reagieren und aktiv werden sollst oder ob es gut ist, sich eine Sache entwickeln zu lassen. Manchmal behindert man die Heilung einer Sache, wenn man zu sehr steuern möchte. Loslassen ist oft besser.

4. Gewohnheiten ändern und loslassen

Wenn du dein Leben verändern möchtest, beobachte dich aufmerksam, wo du viele Schritte aus Gewohnheit tust, oder weil man es dir so beigebracht hat. Erkenne, wo sie dich behindern und verändere sie oder lass sie los. Das ist wichtig, um dein Leben in Freiheit zu leben.

5. Wirbelsäulenaufrichtung mit Erzengel Michael

Um sein Leben wirklich eigenverantwortlich zu leben, ist es gut, sich aufzurichten, das hat auch mit der körperlichen Wirbelsäule zu tun und mit der Ausrichtung auf die Kraft deiner Kundalini. Du kannst Erzengel Michael bitten, dich energetisch aufzurichten, das kann auch körperliche Mängel beheben. Unterstützung findest du auf der CD *KRYON. Meditationen zur Heilung. Energetische Wirbelsäulenaufrichtung. Aktivierung des allumfassenden Herzchakras.**

6. Visualisieren, wie ich leben möchte

Aus dem Heiligen Höheren Herzen heraus, dort wirkt keine Dualität, ist es gut, dir dein Leben vorzustellen, es zu formen, wie du jetzt wirklich leben möchtest. Anleitung: Siehe Kapitel „Das Heilige Höhere Herz" (Seite 107 ff.) und die CD *KRYON. Geführte Meditationen zur energetischen Reinigung und Herzensöffnung.***

---

* Barbara Bessen: *KRYON. Meditationen zur Heilung. Energetische Wirbelsäulenaufrichtung. Aktivierung des allumfassenden Herzchakras.* Edition Sternenprinz im Hans-Nietsch-Verlag, Emmendingen 2012

* Barbara Bessen: *KRYON. Geführte Meditationen zur energetischen Reinigung und Herzensöffnung.* Edition Sternenprinz im Hans-Nietsch-Verlag, Emmendingen 2008

7. Innere Reisen und Helfer besuchen

Wir müssen unseren Weg der Meisterschaft nicht allein gehen. Wir haben viele Helfer im geistigen Bereich. Wenn wir in reiner Absicht Kontakt aufnehmen und um Hilfe und Unterstützung bitten, wird sie uns gegeben. Wir können (am besten aus dem Heiligen Höheren Herzen heraus) Reisen zu den Lichtstätten der Meister machen. Wir reisen mit dem Bewusstsein, dafür müssen wir unseren Körper nicht verlassen.

8. Lichtdusche

Ein altes Werkzeug, ein Schlüssel, der schon in den Mysterienschulen benutzt wurde. Wann immer du dich traurig, allein, ausgelaugt oder nicht rein fühlst, hülle dich in weißes Licht mit einer Spur Violett. Fülle damit zuerst deinen physischen Körper, vielleicht auch unterstützt mit tiefem Atmen und dann weite es auf die anderen Körper aus. Du wirst dich wunderbar fühlen!

9. Gottesatmung

KRYON hat diese Atmung schon vielfach durchgegeben. Sie ist ganz einfach. Man zählt innerlich beim Einatmen, der Pause, beim Ausatmen, der Pause und wieder beim Einatmen bis vier. Das tust du eine Weile und dann bemerkst du, wie eine Stille entsteht, und wie in den Pausen Gedankenlosigkeit eintritt. Eine wunderbare Möglichkeit sich zu entspannen, zu klären und Kontakt zu sich selbst aufzunehmen.

10. Drittes-Auge-Übung

Diese Übung stammt auch aus den alten Mysterienschulen. Du kannst durch eine Konzentration auf dein Drittes Auge Gedankenleere erzeugen. Es ist auch eine gute Möglichkeit, tieferen Kontakt zu sich und dem inneren Universum aufzubauen. Das ist schwer in Worte zu fassen. Gönne dir Zeit und probiere aus, was passiert.

11. Dankbarkeitsübung

Lege deine Hand auf dein Herz und stelle dir eine schöne Situation vor, etwas, wofür du sehr dankbar bist. Spüre dieses warme Gefühl der Dankbarkeit aufsteigen und erweitere es in deinen ganzen Körper und darüber hinaus. Bleibe so lange in diesem Gefühl, wie es dir guttut. Hilft gegen Depressionen und Einsamkeitsgefühle, und wenn man meint, niemand habe einen richtig lieb!

12. Im Höheren Selbst ruhen

Durch den Besuch im Heiligen Höheren Herzen kommst du in den Kontakt deines Höheren Selbstes. Hier ist der Platz, wo du dich ganz fallen lassen kannst. Nichts ist zu tun, wenn du es nicht möchtest. Versuche, mit dem Höheren Selbst zu verschmelzen. Das ist ein Prozess, der nie aufhört. Spüre die Verbindung zum Herzen des Universums und dem höchsten Schöpfer und genieße sie.

Schlusswort von KRYON

Nun haben wir eine Weile einander begleitet. Sicher hast du dir Stück für Stück bewusst gemacht, wie einfach der Weg nach Hause sein kann. Du magst vielleicht denken: „KRYON, du hast gut reden, du bist nicht hier auf der Erde und gehst durch diese persönlichen Erlebnisse, die alten Prägungen und die neuen, die ständig dazukommen!" Das mag durchaus sein. Aber lass uns nochmals einen Zusammenhang beleuchten. Ich bin nicht getrennt von dir. In einer sehr hohen Ebene sind wir sogar eins. Ich bin nicht von dir getrennt, denn mein Bewusstsein ist so groß, dass ich all deine Freuden und Sorgen sehen und auch fühlen kann. Ich weiß also, was dich bewegt. Ich muss diesen Weg nach Hause nicht gehen, da hast du recht. Ich befinde mich generell sehr nah an dem, was wir alle als Zuhause empfinden. Aber gerade, weil ich außerhalb deines Seins bin, wie du es empfindest, nicht greifbar für dich, hab ich viel Mitgefühl und bin voller Achtung vor deinem Weg. Das soll mir jetzt ein wichtiges Anliegen sein, am Ende dieses Buches: Es gibt nichts, was ich anders machen würde, wenn ich du wäre, weil ich du bin. Ich schaue nicht mit einem lässigen Auge auf dein Tun und bewerte. Ich gehe bewusst tief in dich hinein, eigentlich bin ich immer mit dir verbunden. Aber mein Bewusstsein ist nicht immer auf dich gerichtet. Wenn ich aber, wie hier auf unserer Lesereise, ganz intensiv dein Sein aufnehme, studiere, erfühle, dann bin ich du.

Ich gratuliere dir zu deinen Erfahrungen, mögen sie für dich auch nicht so einfach gewesen sein und vielleicht auch weiterhin schwierig bleiben. Es ist mir eine Ehre, dich zu begleiten. Lass mich weiterhin meinen Fokus auf dich richten. Dies tue ich, wenn du mich darum bittest. Dann können wir zusammen die Klippen der Transformation durchschreiten. Eine brüderliche oder schwesterliche Hand darfst du gern annehmen. Das ist nichts, was unangebracht ist. Zusammen schaffen wir es leichter. Das ist es, was wir tun, wir, die wir höher schwingen, die Erde beobachten und ihr zur Seite stehen. Und wer immer es mag, kann Hilfe anfordern. Wir haben die Aufgabe, euch in dieser neuen besonderen Phase der Erde und ihren Bewohnern zu geleiten.

Letztlich geht es um Vertrauen. Du wirst vielleicht fragen: „Wer ist KRYON? Kann ich ihm vertrauen?"

Ich bin seit Anbeginn der Erde hier und diene der Erde und ihren Menschen. Als der Teil der Gruppe KRYON, der die Liebe von allem, was ist, mit einem großen Strahl in einem bestimmten Sektor der Erde hält. Andere Anteile von der Gruppe KRYON haben andere Dienste, unter anderem ist es der Magnetische Meister. Ich kann nicht lügen, ich kann nicht manipulieren, das ist außerhalb meines Dienens. Ich befinde mich nicht in der Dualität. Ich bin neutral. Aber ich würde das Problem, das dich bewegt, mit dir bearbeiten.

So wie es in der Dualität ist, gibt es auch Stimmen, die nicht gut über KRYON urteilen, weil es Menschen gibt, die meinen, ein guter Kanal zu sein, und Botschaften weitergeben, aber ein bisschen vom Weg abgekommen sind. Es gibt Botschaften in meinem Namen, die nicht von mir sind. Darum fühle in dein Herz, wie es schwingt, wenn du Worte und ihre Energien, die in meinem Namen dienen sollen liest. Fühle auch diese Worte und prüfe, ob sie deiner Wahrheit entsprechen.

Ich danke dir für deine Aufmerksamkeit!

Ich bin in tiefer Liebe und Verbundenheit,

KRYON

Barbaras Erfahrungen

Wie bei jedem Buch, das ich empfangen darf, bin ich durch alle Werkzeuge mit hindurchgegangen, habe alle Schwingungen gespürt und kann nun voller Leidenschaft sagen: „Es war ein Genuss!" Ich bin sehr gern in diesen Energien von KRYON, diesem Höheren Sein meines Seins. Das hat er im Schlusswort sehr schön gesagt, oder? Wir sind mit ihm verbunden, alle. Wir können diese Liebe, diese Schwingung von hohem Sein als Geschenk genießen. Es ist wirklich sehr hilfreich, sich ihm oder ihr, je nachdem wie man KRYON empfindet, hinzugeben. Meine Erfahrungen haben mir gezeigt, er ist ein wahrer Freund. Er redet mir nicht nach dem Munde, wenn ich gern in einer Situation mit jemand anderem recht hätte. Er zeigt mir kritisch auf, wo der Haken liegt, wo ich aus der Vergangenheit urteile und warum. Das ist wirkliche Freundschaft. Ich sehe ihn vor meinem inneren Auge als menschliche Gestalt. Die hat er für viele Menschen angenommen. Letztlich jedoch hat er keine Gestalt. Wir haben auf einer höheren Ebene auch keinen Körper mehr. Das mag uns im Moment noch sehr unwirklich erscheinen. Aber die Vorstellung davon ist ja sehr angenehm, dann brauchen wir uns keine Sorgen mehr über Form und Beschaffenheit unseres Gefährts zu machen. Wir neigen ja dazu, alles von außen aufzusaugen, was man für seinen Körper und seine Form tun sollte. Fitness, Sport, Tanzen, Yoga, fettarme Kost, vegane Kost sind gerade sehr im Trend.

Die zehn Jahre Seminar- und Bucharbeit mit KRYON haben mich gelehrt, dass alles dann zu mir kommt, wenn ich es brauche. Das gilt auch für Erkenntnisse und Änderungen von Gewohnheiten und Erziehungsparametern. So esse ich (noch) nicht vegan, bin nicht besonders erpicht auf sportliche Betätigungen, gehe lieber lange spazieren und beobachte die Natur. Das bekommt mir alles bisher noch sehr gut. Ich bin in keinem Fitness-Studio. Und immer dann, wenn mich mal wieder irgendjemand oder ein Buch in eine tolle Sache hinziehen will, frage ich KRYON oder ich fühle in mein Herz. KRYON lacht meist, wenn ich wieder einmal einen Anlauf nehme, gesünder leben zu wollen. Ich bin jetzt sicher, dass alles so gut ist, wie es ist. Ich liebe Kuchen und Sahne und koche sehr gern, auch Hausmannkost. Und es bekommt mir gut. Vielleicht schwenke ich in ein paar Jahren stärker Richtung Rohkost, wer weiß. Bisher bekommt es mir nicht so gut. Eines gönne ich mir jedoch ab und an, das ist ein Smoothie. Selbstgemacht natürlich.

Nach diesen zehn Jahren KRYON-Zusammenarbeit schaue ich oft zurück und erinnere mich an Worte, die KRYON früher sagte. Einen Tipp kann ich heute annehmen und bestätigen. Er sagte ganz zu Anfang, als ich, wie man so schön sagt, wie die Jungfrau zum Kinde zum Channeln kam: „Lies nicht so viele Bücher. Sie verunsichern nur. Wahres Wissen kommt sowieso zu dir. Es ist in dir gespeichert. Es lässt sich nicht stoppen, wenn es sich öffnen möchte!" Ich hab viele Bücher gelesen ...

Heute greife ich eher mal zu den alten Mystikern. Obwohl ihre Art, sich auszudrücken, nicht immer leicht zu lesen ist. Aber ich kann heute auch tagelang nicht lesen. Das fiel mir früher, auch durch meinen erlernten Beruf, sehr schwer.

Ich bin sicher, dass alle Informationen über die Zukunft der Erde Spekulationen sind. „Wann gibt es ein Grundeinkommen für alle?", wird viel in den Seminaren gefragt. „Wie geht's mit dem Euro weiter? Wird der neue Papst die so wichtigen Veränderungen in der Kirche einleiten?" Viele Fragen tauchen auf. Ich glaube, dass es so geschehen wird, wie es mit uns selbst weitergeht. Denn mir ist auch klargeworden, dass wir tatsächlich, wie KRYON es beschreibt, uns als Menschheit immer mehr voneinander entfernen. Es ist wie ein Fluss mit zwei Ufern. KRYONs Beispiel von einem dualistischen Bein, das wir haben und einem interdimensionalen, finde ich sehr passend. Und er fügt die so wichtige Quintessenz hinzu: Die Kunst ist es, beides zu verbinden.

Wenn wir auf dem einen Ufer des Flusses leben, dann haben wir zwar, weil wir ja alle miteinander verbunden sind, immer noch eine Vorstellung davon, wie es auf dem anderen Ufer ist. Das vermitteln uns die Medien oder Menschen im täglichen Leben. Wir stellen aber auch immer mehr fest, dass wir auf unserem Ufer neue Wege kreieren, neue Ideen entwickeln, die wir in unserem eigenen Alltag umsetzen, oder wir beschäftigen uns gedanklich immer wieder damit. Das heißt, wir bauen uns eine neue Welt, und das beginnt natürlich bei uns selbst. Bei allen, die jetzt diesen Weg des Erwachens gehen. Wir sind voller Freude für diese neuen Wege, die sich uns selbst und unseren Nächsten auftun. Dennoch schauen oder handeln wir auf der anderen Seite des Ufers. Mit Gedanken, mit Taten und damit, dass wir eben diese neuen Ideen umsetzen oder sie mit Gedanken nähren, die dann wiederum für das andere Ufer auch nützlich sind. Wenn wir eine Neue Erde erschaffen – das tun wir ja schon die ganze Zeit seit der Harmonischen Konvergenz 1987 –, dann tun wir das für alle, nicht nur für uns.

Manchmal verstehen uns andere Menschen nicht mehr und meinen, wir seien Utopisten, wenn wir an den Weltfrieden glauben. Wir sollen uns doch mal umschauen. Wir sehen aber mehr, wir sehen hinter die Kriegsarmada. Wir sehen die lichte Zukunft oder wir spüren sie. Wir machen einfach weiter in unserem täglichen Leben. Wir transformieren fleißig und helfen anderen, wenn es ihnen nicht so gut geht, durch Gedanken, Worte oder Taten. Manchmal sind wir auch ganz schön müde. Aber wir machen weiter, weil wir wissen, das Feld, das die Menschen speist, verändert sich. Jeder von uns ist mit dem kleinsten neuen und liebevollen Gedanken wichtig. Jeder! Wir halten zusammen, oder? Und wir lassen uns nicht beirren, und das hat nichts, wirklich nichts mit dem 21.12.2012 zu tun, den viele als enttäuschend wahrnahmen. Vielleicht haben die Wissenschaftler sich verrechnet? Vielleicht waren sanfte zarte Veränderungen schon die letzten Jahre da, nur wenige haben sie wahrgenommen, weil sie sich auf ein uns angebotenes Datum fixiert haben? Der Wandel läuft schon eine ganz Weile, stetig und mal sanft und mal heftig. Je nachdem, wie wir es wahrnehmen und zulassen.

Ich glaube, wir müssen uns nur fragen: „Bin ich bereit für Quantensprünge? Habe ich das Vertrauen, dass ich göttlich bin und mir eigentlich nichts passieren kann? Habe ich genug Selbstbewusstsein, dass ich weiß, ich bin Gott?" Da zucken viele von uns noch ein bisschen zusammen. Da sind noch alte Glaubensmuster, die tief in uns gepflanzt wurden.

Ich empfinde 2013 als sehr viel leichter, obwohl eines ganz klar erkennbar ist: Wir müssen Farbe bekennen, im privaten wie im geschäftlichen Bereich und in der Umwelt. Wir müssen nur noch das leben, was wir verantworten können. Und jede kleine Änderung hilft dem großen Ganzen.

Zum Abschluss möchte ich Sie gern noch an einem kleinen Erlebnis teilhaben lassen, das sozusagen ein Beweis für die Anwesenheit der geistigen Helfer ist. Wir sind ja – ich eingeschlossen – gern einmal im Zweifel. Es geschah Folgendes:

Ich hatte mein Köfferchen gepackt für eine Reise nach Hamburg, es standen Einzelsitzungen an. Ich gebe die Einzelsitzungen in einer Praxis, die ich am Wochenende nutzen kann. Ich saß schon im Auto, wollte gerade starten, als ich plötzlich ganz groß vor meinem inneren Auge einen kleinen Schlüsselbund sah: die Schlüssel für die Praxis. Wie Schuppen fiel es mir von den Augen: Die Schlüssel hatte ich vergessen, die hatte ich nicht parat gelegt, ich wäre ohne sie losgefahren. Nicht auszudenken, wenn die Leute vor der Tür gestanden hätten. Am Wochenende wäre wahrscheinlich auch niemand zu erreichen gewesen, der mich hätte hineinlassen können. Ich habe laut gelacht, weil ich auch gleich einen meiner geistigen Helfer bemerkte und ihn sah. Natürlich habe ich mich bedankt. Können Sie verstehen, dass ich ganz beschwingt losgefahren bin? Ich fühlte mich wunderbar, weil ich einen lieben Beweis bekam, dass ich gut begleitet bin. Danke, ihr Lieben. Das gilt natürlich nicht nur für mich. Wenn Sie ähnliche Erlebnisse hatten, schreiben Sie mir gern. Ich freue mich sehr darüber.

Ich wünsche Ihnen auf ihrem weiteren Weg viel Leichtigkeit, Lebenslust und Genuss!

Herzlichst,
Ihre *Barbara Bessen*

Wenn Sie Lust haben, meine Arbeit persönlich kennenzulernen und etwas länger und noch tiefer in die Energien der Meister zu tauchen, und wenn Sie gern mehr und tiefer mit Ihrem Höheren Selbst in Verbindung treten und selbst lernen möchten, zu kommunizieren: Wir geben Seminare in Deutschland, Österreich und der Schweiz.

Außerdem veranstalten wir verschiedene Reisen zu allen Jahreszeiten und zu unterschiedlichen europäischen und auch weltweiten Orten. Wir freuen uns, wenn Sie dabei sind. Näheres auf der Internetseite

www.barbara-bessen.com